Satellite A51 Setup / Tracking

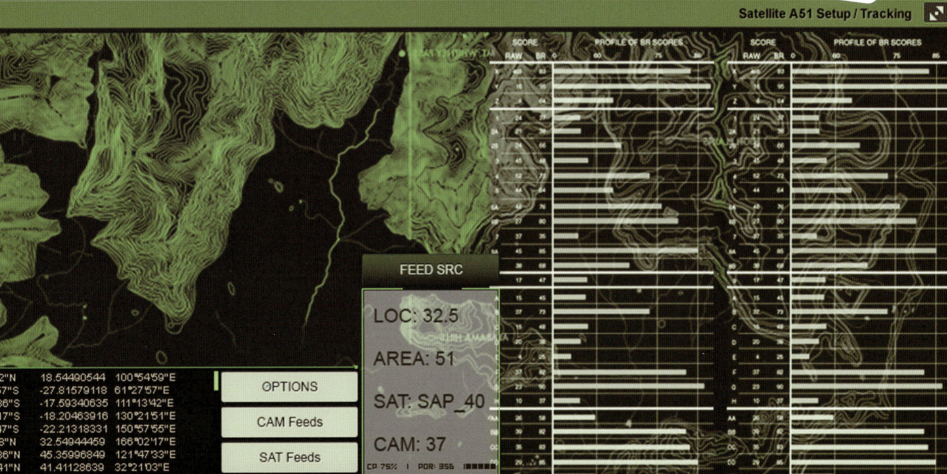

FEED SRC

LOC: 32.5

AREA: 51

SAT: SAP_40

CAM: 37

アート＆メイキング・オブ・
# インデペンデンス・デイ
リサージェンス

INDEPENDENCE DAY and INDEPENDENCE DAY: RESURGENCE ™ and © 2016 Twentieth Century Fox Film Corporation. All rights reserved.

THE ART AND MAKING OF INDEPENDENCE DAY: RESURGENCE by Simon Ward
Copyright © 2016 Twentieth Century Fox Film Corporation. All rights reserved.

This translation of THE ART AND MAKING OF INDEPENDENCE DAY: RESURGENCE, first published in 2016, is published by arrangement with Titan Publishing Group Ltd. through The English Agency (Japan) Ltd.

Japanese Translation Copyright © 2016 by Born Digital, Inc. All rights reserved.

No part of this publication may be reproduced, stored in a retrieval system, or transmitted, in any form or by any means without the prior written permission of the publisher, nor be otherwise circulated in any form of binding or cover other than that in which it is published and without a similar condition being imposed on the subsequent purchaser.

■ ご注意
本書は著作権上の保護を受けています。論評目的の抜粋や引用を除いて、著作権者および出版社の承諾なしに複写することはできません。本書やその一部の複写作成は個人使用目的以外のいかなる理由であれ、著作権法違反になります。

■ 責任と保証の制限
本書の著者、編集者、翻訳者および出版社は、本書を作成するにあたり最大限の努力をしました。但し、本書の内容に関して明示、非明示に関わらず、いかなる保証も致しません。本書の内容、それによって得られた成果の利用に関して、または、その結果として生じた偶発的、間接的損傷に関して一切の責任を負いません。

■ 著作権と商標
本書の著作権は、Twentieth Century Fox Film Corporationが有します。本書に記載されている製品名、会社名は、それぞれ各社の商標または登録商標です。本書では、商標を所有する会社や組織の一覧を明示すること、または商標名を記載するたびに商標記号を挿入することは、特別な場合を除き行っていません。本書は、商標名を編集上の目的だけで使用しています。商標所有者の利益は厳守されており、商標の権利を侵害する意図は全くありません。

アート＆メイキング・オブ・
# インデペンデンス・デイ
リサージェンス

サイモン・ワード 著

序文
ローランド・エメリッヒ

| | |
|---|---|
| 序文 (ローランド・エメリッヒ) | 7 |
| **エイリアン戦争の歴史** | **8** |
| エイリアン戦争の歴史 (デイヴィッド・レヴィンソン) | 10 |
| ヒラー大尉 | 14 |
| ジャスミン・ダブロウ | 18 |
| デイヴィッド・レヴィンソン | 20 |
| トーマス・J. ホイットモア | 22 |
| アタッカーの構築 | 26 |
| アタッカーのデザイン | 30 |
| オークン博士と「見世物小屋」 | 32 |
| エイリアン | 34 |
| シティ・デストロイヤー | 38 |
| ホワイトハウス | 40 |
| ホワイトハウスの爆破 | 42 |
| 「タイムアップ」 | 46 |
| 事象 | 50 |
| グランドフィナーレ | 52 |

| | |
|---|---|
| **侵略後の地球** | **54** |
| 侵略後の地球 (デイヴィッド・レヴィンソン) | 56 |
| デイヴィッド・レヴィンソン | 58 |
| トーマス・J. ホイットモア | 61 |
| ジェイク・モリソン | 62 |
| ディラン・ヒラー | 65 |
| パトリシア・ホイットモア | 66 |
| レイン・ラオ | 67 |
| ランフォード大統領 | 68 |
| キャサリン・マルソー | 69 |
| 月面基地 | 70 |
| 月面基地のキャノン砲 | 77 |
| 地球のテクノロジー | 78 |
| ムーンタグ | 78 |
| 宇宙船 | 86 |
| ハイブリッド | 88 |
| エリア51 | 90 |
| エイリアンの監獄 | 96 |
| アフリカ地上戦 | 98 |
| AI船 | 106 |
| AI球 | 108 |

| | |
|---|---|
| **再来：2016年7月2日** | **110** |
| 新たなエイリアン | 112 |
| エイリアンの新たなテクノロジー | 118 |
| 初期のコンセプトデザイン | 118 |
| アタッカー | 120 |
| マザーシップ | 126 |
| 破壊 | 136 |
| ドバイ | 136 |
| ロンドン | 138 |
| ワシントン | 146 |
| 攻撃 | 150 |
| マザーシップの内部 | 158 |
| エイリアンの収穫機 | 162 |
| エイリアンの女王 | 166 |
| あとがき (デイヴィッド・レヴィンソン) | 174 |
| 謝辞 | 176 |

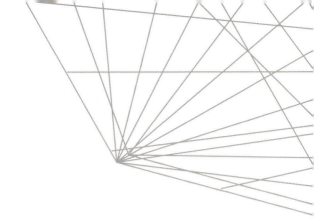

# 序文

1996年、エイリアン侵略という大惨事を描いた映画が公開されました。特殊効果、ミニチュア、パイロテクニクス（火工術）を駆使し、ワールドクラスの俳優たちをそろえて制作されたこの映画は、世界中でその年最高の興行収入を挙げました。巨大なスクリーンに映し出されたのは、娯楽性を織り交ぜながら直接的に描いたエイリアンとの戦いです。空一面を覆うように浮かんだ巨大な宇宙船が、街全体を壊滅させます。

そして今、この映画が戻ってきました。前作同様、ワールドクラスのキャストとスタッフを揃えた娯楽映画ですが、そのスケールは各段に大きくなっています。

私は常々、続編の制作を公言してきました。ファンの方々からも問い合わせが相次いでいました。ディーン・デヴリン（Dean Devlin）と私に必要だったのは、ストーリーを固めること、そして続編を作るにあたっての正当な理由を見つけることだったのです。前作が20周年記念を迎える2016年は、私たちにとっても、キャラクターにとっても都合の良いタイミングでした。この時間の隔たりゆえに、実在および架空の世界やテクノロジーが大きな変貌を遂げ、まったく新しいストーリーを展開することになっても、違和感が感じずに済んだのですから。

カメラの前後に立つ古い友人たちに再会できたときは、まるで同窓会のような気分でした。長い時間の経過が、義務感を取り払っていました。誰もが自分の意思で戻り、続編にふさわしい刺激的な作品作りを望んでいました。新しい世代の参加によってフレッシュな風が吹き込まれ、新しい方向性が示されましたが、ファンの皆さんに必ず気に入ってもらえると思います。私が一番わくわくしたのは、この旧から新へのバトンタッチ、つまり次の一歩を踏み出したことでした。

「インデペンデンス・デイ」（原題：Independence Day）制作当時のテクノロジーは、ほぼあらゆる点で変化しました。前作では、すべてをカメラの前で撮影しました。たとえば空中戦は、セカンドユニットが3〜4週間という非常に長い期間をかけて撮影しました。しかし今回はブルースクリーンを使ったので、3〜4日間しかかかりませんでした。撮影期間がかなり短縮して俳優たちも喜んでいます。

「インデペンデンス・デイ：リサージェンス」（原題：Independence Day: Resurgence）は75日間で撮影する予定でしたが、取り直しや撮影範囲の関係で3日間延長しました。このスケールの映画としては悪くないスケジュールでしょう。また、今回は初めてセカンドユニットを置きませんでした。なぜならすべて自分で撮影したいと思ったからです。満足できない部分があっても誰のせいにもできないということは、何を意味すると思いますか？ それは、"パニック"の一言に尽きます。しかし一方で、いつも興奮を味わうことができます。まるで良くできたエイリアン侵略映画がそうであるように、恐れと楽しさを両方感じさせてくれるのです。

このような映画は、信じがたいほどの想像力と最高の専門スキルを持った人々なしでは制作できません。そうした人々にとって、限界は宇宙ほど果てしないものです。

続編が完成するまでの20年を記した本書では、素晴らしいデザイナーや製作チーム、特殊効果チーム、俳優などがこなしてきた仕事を可能な限り詳細に紹介したいと思っています。大ヒット作となる映画に生命を吹き込んだモデルやミニチュアといった「インデペンデンス・デイ」の早期のアイデアやデザインから、「リサージェンス」の何百というコンセプトアート、セット写真、見事なムーン・タグ（Moon Tug）などの実際の構造物まで、この両手に収まる本書に収録されています。これら2つの映画は、人類とその精神についての膨大なストーリーを描いた壮大な作品です。そして本書もまた、私が幸運にも共に働くことができた才能豊かな協力者たちの貢献の記録を記した、力感あふれる大作と言えるでしょう。私たちはともに世界を破壊し、再構築し、そしてまた破壊してきました。2度破壊されてもなお、私たちの愛すべきキャラクターは立ち上がり、この映画に携わるすべての人々もへこたれることはありません。本書を通じて、私たちが旅してきた映画制作プロセスだけでなく、この世界に対する私たちの熱意と愛情を感じとっていただければ光栄です。

さあ、今こそ「インデペンデンス・デイ」を称え、もう一度、強敵エイリアンをやっつけましょう。

ローランド・エメリッヒ

# A HISTORY OF THE ALIEN WAR

エイリアン戦争の歴史

デイヴィッド・レヴィンソン

# エイリアン戦争の歴史

僕は、宇宙船に乗って旅をしたいなんて思ったことはなかった。自転車の方が好きだから。この地球、この大地が好きで、今も昔も、僕の一番の関心事は環境を守ることなんだ。汚染、オゾン層の破壊、自然資源の枯渇から地球を守り、保護したい。そして人類の根絶を目指す敵意に満ちたエイリアンからも。

1996年7月2日、僕は父ジュリアス・レヴィンソン（Julius Levinson）とチェスに興じていた（そして勝った）。

その日を境に、世界と世界の歴史は永遠に変わってしまうんだ。大半の人々に気付かれることなく、エイリアンは地球の軌道のすぐ外側に到達し、地球上の主要都市に宇宙船を送りこんだ。チェスのように、奴らは駒を所定の位置まで動かし、そして待ったんだ。これらの船は大きい。いや、巨大だった。人間の想像の域をはるかに超えた大きさで、まさに驚異だった。奴らが音も立てずに上空に現れたとき、世界中が影になるように思えたよ。そしてついに、人間が何世紀にもわたって疑問に思っていたこと、つまり宇宙での生命体は自分たちだけではないということを、僕たちは理解したんだ。でも僕たちには、新しい友人ができたようには感じられなかった。

当時、僕は親友（でもあり上司でもある）マーティ・ギルバート（Marty Gilbert）とともに、ニューヨーク市のコンパクトケーブル社（Compact Cable）で通信や放送を正常な状態に維持する仕事をしていた。宇宙船が到来したとき、すべての通信網が遮断され、衛星放送にはスクランブルがかけられたんだ。僕は（数秒間）マーティをなだめてから、問題解決に取り掛かったんだけど、見つけてはいけない何かが裏に潜んでいることに気付いた。衛星通信に埋め込まれていたのは、地球に到来したエイリアンたちの信号だったのさ。奴らの目的は2つあった。自分たちの動きを統制すること、それにカウントダウンだ。でも一体何のために？僕の人間としての経験で考えると、爆発までのカウントダウンととらえるのが普通だったんだ。

僕はマーティに街から出るように言った。そして父をつかまえ、離婚した元妻コニー（Connie）が勤務するホワイトハウスのあるワシントンD.Cへと向かった。大統領のトーマス・J・ホイットモア（Thomas J. Whitmore）と僕の間には、過去にちょっとした諍いがあったんだ。さまざまな状況証拠から、コニーが彼と浮気をしていると思ったんだよ。それは事実ではなかったんだけど、僕がそれを理解したのは、彼を殴ってしまった後だった。

とりあえず僕はそのことを忘れることにして、彼らにカウントダウンのことを伝えたんだ。大統領はすべての主要都市とホワイトハウスからの避難を命じた。

誰にでも忘れられないことがあるだろう？バル・ミツバーを迎えた日、結婚式、初めてのチェックメイトとか。僕が忘れられないのは、カウントダウンがゼロに近付いてきた7月3日、僕の唯一愛する人たちとともにエアフォースワンに乗っていたときのことだよ。

宇宙船は下にある街へ向けて、エイリアンを歓迎する人も逃げ惑う人も区別することなく、主砲を発射した。炎の壁が、最悪の悪夢の中でも想像できないほどのスケールで、ニューヨーク、ワシントンD.C、ロサンゼルス、ロンドン、モスクワ、その他多くの都市を襲ったんだ。何十年もの間、この2つとない惑星を大切にしなければ大変なことが起きると警告し続けてきたけど、こんな事態を予測した人は誰もいなかった。これが自分たちの行いに対する報いであるとか、天罰のようなものであるとか主張する気は僕には毛頭ない。誰が悪いのかは分かりきっていた。僕たちは反撃しなくてはならなかったんだ。

## 「何十億と言う人々が、最初の数秒で死んだんだ」

大統領やグレイ（Grey）将軍、わずかに生き残った米国政府の者たちから反撃命令が出されると、スティーブン・ヒラー（Steven Hiller）大尉を先頭に、最強の航空部隊ブラックナイツがカリフォルニア州のエルトロ基地から飛び立った。彼は正確にはこう言ったそうだよ。「E.T.どもの首をひねってやります」

カリフォルニアとネバダ上空で、彼らは敵と交戦した。宇宙船から放たれた小型の戦闘機は、地球側のどの国の空軍よりも高速で飛び、装備にも優れているうえ、数でもずっと優勢だったんだ。戦いは困難を極めたよ。だって奴らの戦闘機は、大型のものも小型のものも、すべてシールドで保護されていたからね。僕たちの武器はまるで歯が立たなかった。ブラックナイツが返り討ちにあう様子を、僕たちはなすすべもなく見ているしかなかったんだ。全滅したと思ったけど、数時間後、スティーブン・ヒラーだけが生還した。それも生きたエイリアンというお土産を携えてね。

ヒラー大尉が戻るまでの間、エアフォースワンに戻った僕たちは過去をめぐって議論した。「真実、正義、アメリカン・ウェイ」と言うけれど、この3つにはあきれるほど矛盾が生じることがあるんだ。僕の父は、この大惨事を避けることができたはずだと声高に主張した。1940年代にエイリアンがロズウェルに不時着した事件や、それに続くネバダ州のエリア51での研究を隠蔽したりしなければ、何らかの備えをする時間があったはずだ、と。この出まかせを信じている哀れな父に、僕を含め、その場にいた誰もが彼は間違っていると言ったんだ。父が間違っていると信じて疑わなかったからね（本当の事実が明らかになるまでは）。実際は父の言う通り、エイリアンの宇宙船はロズウェルに墜落し、エリア51も確かに存在していたんだ。違っていたのは、それらを50年間内密にしておくことはできなかった、ということだけだったさ。

皆さん、これが真実、正義、そしてアメリカン・ウェイの本質だったんです。

数百万ものアメリカ人の死を後に、機内で大統領すら知らなかった事実が暴かれる中、僕たちはエリア51に向かったんだ。

そこは印象的な場所だったよ。ピカピカしていてね。環境に優しいかどうかは分からないけど、アルコールでいっぱいの冷蔵庫もあった。情けない話だけど、大統領がエイリアンに対する核攻撃を命じた後、僕は冷蔵庫の中を漁ってしまったよ。核攻撃が現実のものとなれば、地球上に残っているあらゆる生命が死に追いやられるだろうからね。

この点について、僕は大統領の考え方を理解することができなかった。そんな決断をする人がいるなんて、到底信じられなかったんだ。地球は人間以外のものになってはいけないと考えているのか？何もかもが死ななければならないとでも？道徳的にも、ただ生き残りたい種族にとっても、到底納得のいく話ではなかった。未来を考慮した考えではなかったからね。大統領は怒りのあまり、冷静さを失ってそんな決断をしたんだ。

おっと申し訳ない、つい興奮して先走ってしまったようだね。落ち着いて話を元に戻そう。

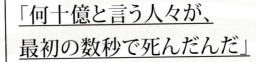

| デイヴィッド・レヴィンソン | エイリアン戦争の歴史 |

僕たちがエリア51に到着すると、研究施設長のブラキッシュ・オークン（Brackish Okun）博士が彼の誇りと名誉の証し、つまり50年前に墜落して動かなくなった宇宙船のもとへ案内してくれた。襲来から数日で、その宇宙船は動力を取り戻していたんだ。オークンは「わくわくする」と表現していたが、ホイットモアはそう感じてはいなかったようだよ。

オークンの案内でさらに奥へと入っていくと、3体のエイリアンの標本が保管されていたんだ。彼が言うには、奴らは酸素を吸い、目と耳を持っているそうだ。体は人間と同じように脆弱だが、バイオメカニカルスーツで身を包んでいる。そして声帯がないから、テレパシーを使っていると推測されているらしい。この説は、その後オークンが実験台にされることで実証されたんだけどね。

ヒラー大尉は、地球外の新しい友人をピックアップトラックの荷台に乗せて到着した。僕は後で知ったんだけど、オークンと彼のチームは捕獲したエイリアンがすでに死んでいると思いこみ、すぐに解剖を始めたそうなんだ。まずは指、そして手、次に触手が動き始めたんだよ。

解剖室にいた全員が殺された。ホイットモア、グレイ将軍、（エリア51で任務に当たっていた）ミッチェル空軍少佐が様子を見に行ったときには、オークンはエイリアンのなすがままにされていたんだ。奴は触手の1本をオークンの首に巻きつけて、彼を使って外にいる人々と意思疎通を図った。寄生虫が宿主を利用するように、奴隷のようにオークンを利用したのさ。

このエイリアンは、自分たちの狙いは地球だと言った。人間の死を望む奴らと僕たち人類との間に、和平なんてありえなかったんだ。まったく、最高のニュースだったよ。

3発の銃弾でエイリアンは死んだ。ミッチェルがエイリアンを撃ち殺し、ホイットモアが核攻撃を命じ、そして僕は一杯やりに行ったんだ。

その後少しの間、父と僕は少し対立することになる。父は、僕が戦闘機を格納している宇宙船に対してベストを尽くしていないと思ったんだ。僕は酔いすぎていて、これまでに感じたことがないほど絶望的な気分だった。僕は怒りと無力感でいっぱいだったんだ。優勢に立っていたのはエイリアンだったし、人間は互いに破壊し尽くす核攻撃によってこの戦いに勝とうとしていたからね。僕は地球を守ることができなかった。父だけでなく、離れてしまった後も心から愛し続けていたコニーも守ることができなかったんだ。

父がやって来た。僕は何かを蹴り飛ばして倒れた。頭はがんがんしていたよ。父は、僕の母が亡くなってから何も信じられなくなり、神との対話もしてこなかったと言った。状況はさらに悪化するかもしれない。でも少なくとも、僕はまだ健康だ。

父が自分が言ったと主張している言葉を引用しよう。「すべての希望が失われたこの苦しいときでも、決してあきらめてはいけない！信念を持たねばならないんだ！」その後、父は世界を救うアイデアを考え付いたんだ。

いや、正確に言えば、僕に風邪をひくぞと注意しただけなのかもしれない。いずれにしても、父の言葉で僕はハッとひらめいたんだよ。

僕はすでにエイリアンの信号を察知していた。奴らの通信にもう一度侵入して、コンピュータウイルスを感染させれば、もしかしたら奴らのシールドを無効化できるかもしれないと思ったんだ。確立は限りなく低いけれども、シールドを無効化している間に、航空兵たちが攻撃を仕掛けて宇宙船を倒すことができるかもしれないとね。

ただ問題が1つだけあった。いや、それは正確ではないね。実際には問題は山積していた。でも僕たちは必死だったんだ。

一番の問題は、地球の軌道のすぐ外に鎮座しているマザーシップにどうやって近付き、奴らのメインフレームにウイルスを送信するかだった。そこでスティーブン・ヒラーと僕は、エリア51に保管してあったエイリアンの宇宙船に乗り、何気ないそぶりで太陽系へとふらふら飛びながら、マザーシップへ向かうことにしたんだ。おまけに核弾頭も落としておいとまする計画だった。

僕たちがやろうとしていることに当てはまる動きはチェスにはないけど、あえて言うなら、すべての他の駒が背後で大騒ぎをしている間に、ポーンが対抗相手のクイーンにすり寄るようなものだろうね。

僕はスティーブンが好きだ。彼は家族を愛する、地に足を付けた優秀なパイロットであり、そして誰よりも勇敢なヒーローだ。僕は彼を信じている。たとえ彼が太った女性の歌（グランドフィナーレ）に取りつかれていてもだ。

というわけで、トロイの木馬に隠れて宇宙空間のエイリアンのマザーシップに潜入するにあたり、僕が心配していたのはスティーブンのことではなかった。僕が宇宙空間に出るにあたっての問題は、宇宙空間に出ることそのものだったんだ。だから僕たちは出発前に、いくらか手筈を整えておく必要があったのさ。

僕がウイルスを用意している間、僕たちのチームは古き良きモールス信号を使って、世界各国で生き残っている軍隊とコンタクトを取った。そしてウイルスが奴らの防護シールドを無効にしたら、世界中の軍隊がそれぞれの上空にたたずむ宇宙船を一斉攻撃するという計画を伝えたんだ。

そんな中、別れもいくつかあった。大混乱にあったこの2日間、ホイットモアの妻のマリリン（Marilyn）は、乗っていたヘリコプターがカリフォルニアからの避難に失敗し、行方不明になっていたんだ。彼女のことがずっと頭から離れなかったに違いないのに、そのことを微塵も表に出さず、人類史上最悪の瞬間もずっとリーダーとしてふさわしい行動を取り続けたホイットモアには脱帽したよ。ロサンゼルスの攻撃を生き延びたスティーブンの恋人、ジャスミン・ダブロウ（Jasmine Dubrow）は、マリリンを含む生存者をできる限り救出しながらカリフォルニアとネバダを進んでいった。スティーブンが彼らを見つけてエリア51に連れて来てくれたので、軽傷者は助かったんだけど、遅すぎる人々もいた。大統領は、妻の死をそばで見届けたんだ。

## デイヴィッド・レヴィンソン

　ジャスミンとスティーブは、息子のディランにリングボーイを務めてもらって結婚式を挙げた。立会人にはコニーと僕がなったんだ。彼らが誓いの言葉を言う姿を見て、僕はかつての自分たちの結婚式を思い出した。そしてできることなら、もう一度やり直したいと思ったよ。

　宇宙から戻ってくることができればの話だけれどね。

　7月4日の独立記念日、人類は反撃に出た。失意のどん底にあった人々が、最後の攻撃に向けて団結したんだ。これは、僕たちが転がす最後で唯一のサイコロだった。集まった人々の前で演説した大統領は、人類は勝利すると宣言したんだ。僕は、人々が彼の言葉を信じていたと確信している。そして時に、この信じる気持ちだけで十分なこともある。

　でも残念ながら、この強く信じる気持ちをもってしても、宇宙船に乗って飛び立つことへの僕の不安を消すことはできなかった。戦闘機の飛行服を僕に着せて、僕を本当のパイロットのような気分にさせようとしたくらいなんだ。僕のサイズの飛行服があることに感動したよ。だって僕はすごく背が高いんだから。

　世界各地で飛行部隊が飛び立つと、エリア51からはスティーブンの操縦で僕たちも出発した。出撃の前、彼は葉巻（父の葉巻の1本）を僕に差し出して、勝利を収めた後に一緒に吸おうと言ったんだ。「勝利したら」ではなく、「勝利の後」とね。

　高度を上げて大気圏を突破するまでは、予想通りおぞましい体験だったよ。とにかく速い。速すぎるんだ。でもいったん宇宙空間に出てしまうと、そこにあるのは静寂だった。美しかったよ。地球上での徹底的な破壊と殺戮など素知らぬ様子で、星がきらきらと輝いていたんだ。

　僕たちの前にはマザーシップがあった。僕たちの都市を廃墟にした宇宙船「シティ・デストロイヤー」は、すべてこの母船から送られたんだ。街全体を飲み込むような影を落とすシティ・デストロイヤーの母船だけに、とてつもなく巨大だったよ。地球を見下ろすようにして浮かぶマザーシップは、感情に左右されることなく殺戮兵器を送りこみ、僕たちを殺し、地球を食い尽くしたら、また次の惑星に移動するつもりなんだ。エイリアンがオークン博士に巻き付いていたとき、ホイットモアは奴らの大体の考えを理解した。イナゴのように群れで移動してはむさぼり食う、それがエイリアンだと彼は言っていたよ。そして今、マザーシップはスティーブンと僕をその害虫の一員と思い込み、僕たちを中へと引き入れたんだ。

　母船の内部へと誘導された僕たちは、「船」という表現は適切でないことを即座に理解した。そこは街だった。そこは世界だったんだ。起伏はなく、空間がただ延々と四方八方に広がっていた。奴らが来ているスーツのように、環境でもバイオメカニクスが利用されているようだった。暗い部屋や区間、柱、あちこちに伸びる通路があり、青緑色の光の奥深くで奴らは活動していた。巣箱にいるミツバチのように、エイリアンはうごめいていたよ。

　奴らが僕たちの宇宙船をドッキングさせたところで、僕はウイルスのアップロードに取り掛かった。それは何でもない作業だった。勇気と知性に溢れ、長身の環境戦士であれば誰でもできることさ。ウイルスを奴らのシステムに仕込むと、僕は地球にいる兵士たちのために祈ったよ。何が起きているのかも、ウイルスがうまく機能しているかどうかも分からなかった。僕たちは成功するよう願うしかなかったんだよ。そして安全を期して、核弾頭を撃ち込んだんだ。

　狙い通り、ウイルスによってすべてのシールドが無効になった。これで本当に攻撃できるようになったんだ。大統領は先陣を切って飛び立った。その日飛び立ったすべての兵士たち、後に残した者たちを思うすべての人々は、ヒーローだった。願いが叶うならば、僕には話してみたかった人がいる。それはラッセル・ケイス（Russell Casse）氏だ。彼の子供たちから後で聞いた話では、ラッセルはかつてパイロットだったそうだ。その後、農薬散布の

# デイヴィッド・レヴィンソン　　エイリアン戦争の歴史

飛行機を操縦するようになり、亡くなる前の数年間は酒びたりだったらしい。エイリアンに誘拐されたことがあると主張したことが引き金となって、彼の人生はやや手に負えない状態になってしまったんだ。でも最後の数日間で何かが変わった。彼が最後にとった行動によって、彼は理想とする父親になれたんだよ。

エイリアンは数で僕たちを圧倒していた。僕たちは敵を狙い撃つことはできても、奴らの守りに大打撃を与えることはできなかったんだ。でも、ラッセルがとんでもなく愚かで、とんでもなく勇敢な行動に出たことで状況が一変した。彼は、子供たちに愛していると告げると、戦闘機に乗り込んでシティ・デストロイヤーの中央にある主砲に向かって突っ込んで行った。そしてエイリアンの宇宙船は爆発し、地上に墜落したんだ。

ラッセル、どうか安らかにお眠りください。

スティーブンは、僕たちがどうやってマザーシップから逃げてきたか話したがるけど、僕はいやだ。僕の人生の中であれほどストレスを感じた30秒間はなかったよ。スティーブンの叫び声や勝利の雄叫びでは何の足しにもならなかったしね。

核弾頭を撃ち込むと、僕たちの宇宙船はドッキングが解除された。スティーブンは、一刻も早くその場から飛び去らなければならなかった。爆発が起きるのと、出口が封鎖されるのと、どちらが早いのか分からなかったけど、いずれにしてもタイムリミットはすぐそこまで迫っていたんだ。

はっきりとは見えない状況だったけど、僕はその30秒間のことをかなり細かく覚えているよ。僕たちを攻撃しながら追ってきた宇宙船、母船内でパニックが広がる中での活発な動き、コニーや父への思い。それにゲートが閉じかけたとき、僕がスティーブに「もっと速く」と言ったこととかね。

僕はドキドキしていて神経系が機能しなくなっていたから、「もっと速く」以外の言葉が思い付かなかったんだ。ゲートが閉じようとしているのが見えた。隙間はほとんど残ってなくて、とても通り抜けられるようには思えなかったけど、もう一度見るとスティーブの叫び声は止まっていて、僕たちはどういうわけか外に出ていたんだ。僕たちはやったのか？　一瞬、僕は信じられなかった。僕たちは迷宮のようなマザーシップの中で死ぬ運命にあったんだから。そうだろ？

いいや、僕たちはやったんだ。

そして僕たちは葉巻を吹かした。

地球では、世界各地で宇宙船が墜落させられていた。僕たちは勝った。エイリアンを倒し、故国である地球を建て直していけるんだ。

わずか3日の間に、世界は永遠に変わってしまった。地球全体が1つの目標に向かって団結し、共通の敵と戦ったんだ。これは人類史上前例のないことだし、やり直すうえでこれ以上の好材料はないだろう。独立と分離に由来する日に、僕たちが団結して勝利を収めたのは皮肉なことだったけど、地球外生物に皮肉のセンスがあると考えるのも無理がある気がするよ。

最後にもう1つ、ここに記すよう頼まれていたことがある。エイリアン戦争についてもっと詳しく知りたいなら、ジュリアス・レヴィンソンが書いた「How I Saved the World（僕がいかにして世界を救ったか）」を読んでほしいということだ。たった9.95ドルで僕の父の謙虚で控えめな一冊が手に入るなんて朗報だろう？　もし皆さんのセンスが疑われることになってしまっても、僕を責めないでおくれよ。

# ヒラー大尉

**地球へようこそ**

　スティーブン・ヒラーは、航空部隊ブラックナイツの大尉だ。カリスマ性と自信に満ちた勇敢なパイロットで、宇宙飛行士を夢見ている。彼は7月4日の祝日にあたる週末を、恋人のジャスミン(ヴィヴィカ・A・フォックス(Vivica A. Fox))や彼女の息子ディラン(ロス・バグレー(Ross Bagley))とバーベキューでもしながらゆっくりしたいと思っていた。侵略者エイリアンの襲来により、この楽しい計画は台無しになるものの、彼は大望を実現することができる。

　ヒラーは、この映画の数々の印象的なシーンで重要な役割を果たしている。最初の空中戦では、エイリアンの戦闘機「アタッカー」を撃破する最初の人物となる。口が達者な彼はこう言う。「こんなクソ暑い砂漠で巨体を引きずり歩くはめになるなんて。パラシュートから突き出たこのドレッドヘア野郎め」

　ヒラー役のウィル・スミス（Will Smith）にとって、これが初めての大ヒット作となった。（パイロットとしては一流であるものの）このごく普通の男は、この作品に欠くことのできないキャラクターだ。人類の運命はもちろんのこと、映画が成功するかどうかも彼の肩にかかっている。スミスはこの作品を大きなチャンスととらえ、全力を尽くして撮影に臨んだ。　ヴィヴィカ・A・フォックスは次のように回想している。「ウィルとの共演は本当にいい経験だったわ。彼のことは絶対に忘れないでしょうね。彼は私のロールモデルなの。彼はとても真面目で、この映画をとても大切に思っていた。こんなことがあったのよ。数日間休みをもらったとき、私は大統領の秘書を演じたマーガレット（Margaret）とジャグジーに入ってマルガリータを何杯か飲んでいたの。通りかかったウィルが「何やっているんだい？」と尋ねてきたから、私は「今日はオフなの」と答えたわ。すると彼はこう言った。「何てことだ。きみはこの映画の重要性を分かってない」私たちは彼の部屋へ行き、競うように腕立て伏せや腹筋をした。「これは僕たちのキャリアを変える映画だから、もっと真面目に取り組んでほしい」と言う彼の意見に、私は全面的に賛成したわ。そしてご存知の通り、彼は正しかった。映画は大ヒットして私たち2人のキャリアは一変し、人生の新たな章が開いたのよ」

## ジャスミン・ダブロウ

　ジャスミンは魅惑的なダンサーであり、ディラン・ダブロウの母であり、スティーブン・ヒラーとの結婚を控えた恋人でもある。ロサンゼルスが壊滅状態になると、ジャスミン、ディラン、ペットのブーマーは街を出て、ヒラーの配属先であるエル・トロ基地へと砂漠の中を進む。ジャスミンは道中、生き残った人々をできる限り介抱したり救助したりする。

　生き残った強い母、ジャスミンは大統領夫人の保護という非常に大きな責任を担うことになる。「インデペンデンス・デイ」ではジャスミン自身のストーリーも展開されるが、このことはフォックス自身のアクションシーケンスがあり、彼女が主人公となる場面があること意味する。「犬や息子とやり取りしたり、砂漠で死ぬような暑さを味わったり、トラックを運転したりする中で、私はこう思っていたわ。「アクションが大好き！」ってね。プレミアショーでのことが忘れられないの。炎が迫るトンネルの中で私が息子と犬を助けたとき、その場にいた誰もが拍手をしてくれたのよ。その時の快感といったら！」

アート&メイキング・オブ・インデペンデンス・デイ：リサージェンス

## デイヴィッド・レヴィンソン

　レヴィンソンは、MITを卒業した誠実かつ有能な人物だ。ニューヨーク市にある衛星放送の会社で働いていることから、父のジュリアス（ジャド・ハーシュ（Judd Hirsch））は彼を「ケーブル（テレビの）修理屋」と呼んでいる。エイリアンの信号を解読し、奴らが襲来しようとしていることを発見したのはデイヴィッドだ。彼はホワイトハウスに警告を発し、父、元妻のコンスタンス（Constance）、ホイットモア大統領、大統領の娘のパトリシアとともに避難する。あらゆる手段が尽きてしまったとき、デイヴィッドはコンピュータウイルスを使ってエイリアンの防御システムを打ち破り、人類による反撃を可能にする。テレビ修理員だった男が、たった3日間で地球の救世主となるのだ。

　デイヴィッド役のジェフ・ゴールドブラム（Jeff Goldblum）は、この役特有の思慮深さと豊かな感受性をうまく表現している。彼は決して人付き合いが下手な「テクノロジーの鬼才」などではない。それどころか、地球と周りの人たちをいつも気にかけているような人物だ。

　監督および共同脚本を務めたローランド・エメリッヒ（Roland Emmerich）とこの超大作を撮影し、「インデペンデンス・デイ」の本質は共に働く人々のストーリーであることを見い出したゴールドラムは、創造性を大いに刺激された。
「ローランドは素晴らしい監督だし、この作品のアイデアは実に栄養たっぷりだった。撮影中でさえも、僕はクリエイティブな欲求に駆られて新しいアイデアを追究せずにいられなかった。そして映画のことをずっと考え、その奥深くに何があり、どんな点に面白みがあるのかを絶えず発見していたんだ」

上：マーカーペン、ホワイトボード、そして自らの知識という入手可能な道具を用いて攻撃計画を立てるレヴィンソン。

右：離婚した元妻コニー（マーガレット・コリン（Margaret Colin））とセットに立つゴールドブラム。ゴールドブラムにとってこの映画は、地球と地球に対する人類の責任を大規模な視点で描いた作品だ。エメリッヒと彼は、特殊効果の下に込められた魂を表現することに尽力している。「国境を取り払い、一つの地球族となるためのこの奇妙なチャンス。それは僕に喜びを与え、鼓舞するようなアイデアだった。地球上の人間だけでなく、すべての生き物が幸福と生命を等しく受ける権利がある、したがって僕たち人間はすべての種と地球を分かち合わなければならない、そんなメッセージが隠されているんだ」

## トーマス・J. ホイットモア

1996年、ホイットモアは米国史上最年少の大統領だった。戦闘機のベテランパイロットとして湾岸戦争で戦った経験が彼の強みとされていたものの、後に政治家としての経験不足と支持率の低下から非難を受けるようになる。エイリアンが襲来したとき、彼はアメリカをはじめとする全世界に対してリーダーシップを発揮し、最高の勇気を見せる。

ビル・プルマン (Bill Pullman) は、高潔さと普通の男性としての魅力を役に持たせることで、プロデューサーと共同脚本を務めたディーン・デヴリン (Dean Devlin) が「自らの不幸を前にしても苦渋の決断を下すことができる」と表現する、家庭人であると同時に民衆を奮い立たせることができるリーダーをリアルに演じている。

全編を通して、アクションシーケンスや大規模な惨事のシーンの前後では、問題の打破に立ち向かうキャラクターの親密さや愛情が描かれている。観客と俳優たちにとってキーとなるのは、キャラクターの人柄や誠実さだ。プルマンは言う。「SF映画としては異色の存在なんだ。その中心にあるのは大きな愛なんだからね。キャラクターの愛情、このような危機的状況において互いを思い合う気持ち、人間らしさにつながる深い愛、そしてその愛が生き残る可能性」

プルマンはこう語っている。「おそらくホイットモアは、戦争の中である役を演じるよう助言されていたのだろうと思うよ。ハムレットはすべての選択の引き金を引きたがったわけではないけれど、ホイットモアにはこのハムレットの要素が見え隠れしているからね。彼はそうふるまえるほど賢明だったというわけさ。それが間違ったことだとは僕は思わないよ」

プロデューサーと共同脚本を務めたディーン・デヴリンは、スティーブン・ヒラーをこの映画の心臓、デイヴィッド・レヴィンソンを頭脳、そしてホイットモアを魂と表現している。彼は妻のマリリンと娘のパトリシアを深く愛しているが、妻がエイリアンの襲撃で行方不明になったときも、感情を表に出すことなく仕事に徹する。悪化する状況の中で冷静さを保てるかどうかは彼にかかっている。そして最終的に、戦闘機のコックピットに入って報復の先頭に立つのも彼なのだ。空中戦は、主にミニチュアを使った特殊効果(プラクティカル・エフェクト)を用いて撮影された。カメラが戦闘機の内部に入ることはなかったため、コックピットは外装だけリアルに作り、その内部は木製だった。プルマンは飛行シーケンスを振り返ってこう語っている。「当時でさえも古い方法だと思われていただろうね。ブルースクリーンとかではなくて、ミニチュアや実際のセットを組み立てたり、戦闘機に乗るシーンでも動く油圧式のジオラマを使ったりしたんだから。本当に旧式の撮影方法だったんだ」

## アタッカーの構築

　エリア51に到着した生存者たちはある秘密を知ることになる。1947年に地球に墜落したエイリアンの宇宙船が、ネバダ州の極秘施設に保管されていたのだ。

　主力戦闘機アタッカーのリアルな有形モデルを制作したのは、プロダクションデザイナーのオリバー・スコール（Oliver Scholl）だ。彼は言う。「僕たちは1つのセットでアタッカーの内部と外部を作ったんだ。つまり実際にセットに置かれたアタッカーは、内部も完全に作ってあって撮影できるようになっていたんだよ。アタッカーの前方1/3全体を取り外して、奥にカメラを固定できるようになっていた。簡単なように聞こえるけど、実際は困難を極めてね。（撮影監督の）カール・ウォルター・リンデンローブ（Karl Walter Lindenlaub）や撮影スタッフたちは本当に苦労したと思うよ。でもよかったこともある。内部を完全に作っておいたから、アタッカーの構築は一度だけで済んだ。だからコストの節約になったんだ。撮影のとき、それらのセットは僕の大きな赤ちゃんのように思えたものさ」

　エリア51のセットは壮大なものだった。このリアルな環境で、俳優やスタッフたちは撮影に臨むことができたのだ。

　スコールは続ける。「ハワード・ヒューズの施設（航空機格納庫）でセットを組めたことは本当に素晴らしいことだった。エリア51の内部へ続く傾斜路を下り、研究室を通り抜けて観察室へ入ると、デイヴィッドが酒を飲み、保管されているアタッカーを眺めながら議論している人々がいる。そしてドアが下ろされ、観察室から出ると、そこにはアタッカーやら何やらがある、という流れを1つの連続したリハーサルで行えたんだからね。途切れることなく、ワンテイクで撮影できたんだよ。それにデザイナーには、作ったセットがどう撮影されるかなんて分からないだろう？　でもたいていローランドはセットがよりかっこよく、より大きく見えるように撮ってくれる。実物よりも大きく見せるうまい方法を彼は知っているのさ。彼のそんなところが僕は大好きなんだ」

アート＆メイキング・オブ・インデペンデンス・デイ：リサージェンス

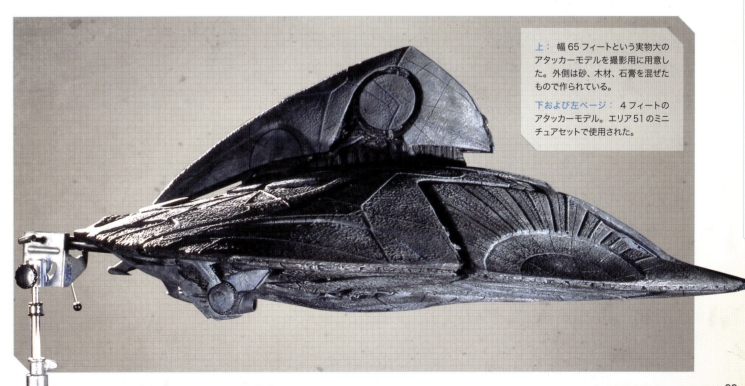

**上：** 幅65フィートという実物大のアタッカーモデルを撮影用に用意した。外側は砂、木材、石膏を混ぜたもので作られている。

**下および左ページ：** 4フィートのアタッカーモデル。エリア51のミニチュアセットで使用された。

## アタッカーのデザイン

　シティ・デストロイヤーによる襲撃の第一波の後、ヒラーの航空部隊ブラックナイツ率いるアメリカ空軍は反撃に出る。しかしすぐに、小型の宇宙船戦闘機「アタッカー」の返り討ちにあってしまう。

　宇宙船のデザインから分かるように、本質的に「インデペンデンス・デイ」は1970年代の災害映画や1950年代のSF映画と多くの共通点を持っている。プロダクションデザイナーのオリバー・スコールは、アタッカーをデザインしたときのことを回想してこう語っている。「ローランドは、シティ・デストロイヤーの外観をシンプルで典型的な円盤にしたがっていたんだ。アタッカーの形状も同じだよね。上部はモヒカン刈りのようになっているけど、基本的には少しだけ変形した円盤なんだ」

　プロダクションデザイナーのパトリック・タトポロス（Patrick Tatopoulos）は、最終的に採用されたデザインを考え付いたときのことを次のように語っている。「最初にエイリアンをスケッチしてから宇宙船を考えたから、宇宙船の上部にはエイリアンの頭と同じものが必要だって分かったのさ。偶然だったけど、それは直観だった。そこをデザインの軸にしたんだ」

アート＆メイキング・オブ・インデペンデンス・デイ：リサージェンス

## オークン博士と「見世物小屋」

　オークン博士は長年にわたって地下で暮らしてきた。ブラキッシュ・オークン博士（ブレント・スパイナー（Brent Spiner））は、ネバダ州の砂漠に建つ地下21階建ての研究施設、エリア51の主任科学者であり施設長だ。彼は自らの人生とエネルギーを1947年に地球に不時着したエイリアンの研究に捧げてきた。大統領をはじめとする生存者たちが到着すると、オークンは彼らにエリア51を案内する。常識に欠けるところもあるが、地球外生命体に関する熱心な研究と高度な知識でそれをカバーしている。脅威に対する人類の反応から分かるように、目的はエイリアンと戦うことではなく、エイリアンについて研究することだ。オークンのボサボサの髪の毛や服装のセンスからも、彼の人となり、情熱、高い知性が伝わってくる。

　スパイナーは言う。「彼は完全にあっち側の人間なんだ。だから僕は彼を演じるために、60年代後半にカリフォルニア大学バークレー校を卒業したジャンキーのようにふるまった。でも実際の彼は天才で、研究者として優秀なんだ。演じるのが本当に面白い、ワイルドなキャラクターなんだよ」

　オークンは、生き残った人々にエリア51の貴重な財産、つまり保管されているエイリアンの標本を見せる。オリバー・スコールとローランド・エメリッヒは、密に協力してこのセットのデザインに取り組んだ。「ローランドに却下されたけど、最初はエイリアンは研究室の保管容器の中で吊り下げられていたんだ。水は入れていなかった。重くなりすぎるし、エイリアンは吊り下げられることになっていたからね。その後、ローランドの意見で、吊り下げる代わりに水で満たすことになるんだけど、これは大正解だったよ。大きな丸いドアをくぐり抜けて部屋に入り、シャッターが上がるその向こうに円筒のケースが現れる瞬間は、本当にぞくぞくするんだ。このシーンと、窓に近付くエイリアンを銃撃する研究室は、本当に面白い環境だった。キャビネットや壁がモダンで、デザイン性もあったしね。

下：「ある日、ジェフ・ゴールドブラムと彼のトレーラーハウスの外で立ち話をしていると、「この映画には何かを感じる」と彼が言ったんだ。僕が「そうかい？」と答えると、彼は「すごいことになりそうな予感がする」と続けた。いやはや、まさか爆発的にヒットするとはね。興行成績なんかよりも、この作品が大成功するなんて思いもよらなかった自分に僕は驚いたよ。僕にとってこの映画は、数ある作品の1つにすぎなかったんだから」ブレント・スパイナー

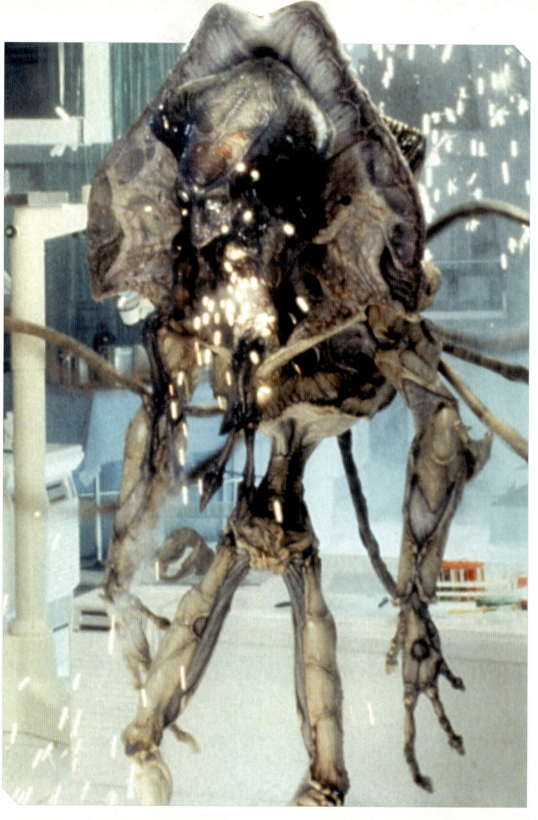

アート&メイキング・オブ・インデペンデンス・デイ：リサージェンス

# エイリアン

　地球の主要都市を破壊したエイリアンは、その巨大な宇宙船と同じくらい脅威や恐れを与える存在でなければならなかった。登場シーンは少ないにしても、敵としてのリアルさが求められるからだ。ローランド・エメリッヒとプロダクションデザイナーのパトリック・タトポロスは、伝統的な人間の戦争と同じロジックをデザインに当てはめることにした。つまり、エイリアンの身体を防護スーツで包むことにしたのだ。

　タトポロスは言う。「別のクリーチャーの中にエイリアンが入っているというのは、ローランドのアイデアだったんだ。つまりバイオメカニカルスーツさ。スーツを脱げばエイリアンは脆弱だから、個性も加えられる。スーツなしでも強靭というなら、わざわざ着せる必要はないだろう？ 脳に必要なのは戦いじゃなくて、保護なんだ」

　エイリアンに接近した最初の人間はスティーブン・ヒラー大尉（ウィル・スミス）だった。彼は意識を失ったエイリアンをエリア51まで連れて行く。そこでエイリアンはオークン博士（ブレント・スパイナー）によって解剖される。オークンの説明によると、エイリアンは酸素を吸う。人間のように寒暖を感じ、目と耳はあるが声帯はない。バイオメカニカルスーツを切り開くと、中からは昆虫のような弱いエイリアンの身体が現れる。

　タトポロスは続ける。「エイリアンは基本的にスーツの頭の部分に収まっているんだ。腕と脚の部分には何も入っていない。コスチュームのように腕の部分に腕が収まり、脚の部分に脚が収まっているわけではないんだよ」

左：エイリアンのパペットモデル。これらは棒で操られ、特定の小さい動きに使用された。サイズは1フィート前後。

上および右ページ：エイリアンのコンセプトアートと映画スチール。エイリアンの胴体と腕は内側から操作できるように作られている。機械式の脚と実物大のモデルも制作され、無線で操作された。シリコンで作った本体にKYゼリーを塗って、ぬらりとした輝きを出している。

　エメリッヒは、長編映画で一緒に仕事をしたことのあるパトリック・タトポロスに、プロダクションデザイナーのオリバー・スコールとコンビを組ませました。趣味やスタイルが異なるこの2人のアーティストが手を組めば、独特のルックが得られるだろうと思ったからだ。

　タトポロスはこう回想している。「オリバーは素晴らしいデザイナーだ。彼が主に担当したのはテクノロジーや人間の世界で、僕が主に担当したのはエイリアンの世界だった。僕はクリーチャーに興味があるから、ローランドと協力してエイリアンを作っていくのは本当に楽しかったよ。僕が描いたのは2枚のエイリアンの絵だけ。それだけだった。あっという間にデザインが決まったんだ。鉛筆、マーカーペン、紙を使った白黒のスケッチだけでね。今なら3Dビューをディレクターに見せなくてはならないし、基本のコンセプトに賛成してもらうだけでは到底足りないだろう。「インデペンデンス・デイ」は例外だったんだ」

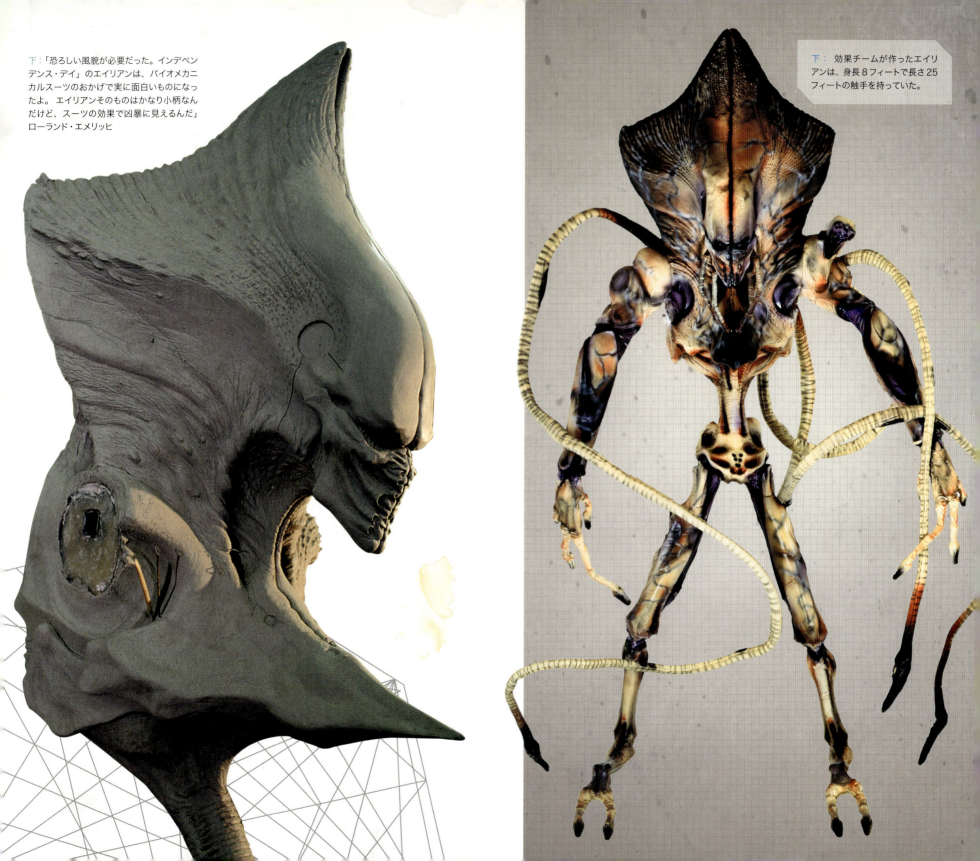

下：「恐ろしい風貌が必要だった。インデペンデンス・デイ」のエイリアンは、バイオメカニカルスーツのおかげで実に面白いものになったよ。エイリアンそのものはかなり小柄なんだけど、スーツの効果で凶暴に見えるんだ」
ローランド・エメリッヒ

下： 効果チームが作ったエイリアンは、身長8フィートで長さ25フィートの触手を持っていた。

## シティ・デストロイヤー

　昔のSF映画では、なぜ地球にやって来る宇宙船は決まって小さいのだろう？ そんな小さい乗り物で宇宙を旅するのは無理があるというものだ。もし私たちが宇宙を旅して回るテクノロジーを持ち、敵意に満ちているとすれば、攻撃を仕掛けてきそうな巨大な宇宙船に乗るに違いない。「とても勝てそうにない」と相手に思わせるために。

　これは、映画のストーリーや大気圏に突入してくる来訪者の恐ろしく威圧的な外観を考えていたときに、エメリッヒが投げかけた疑問だ。形状については、1950年代のエイリアン侵略映画に見られる古典的で見覚えのある円盤を継承することにしたものの、そのスケールとディテールには誰も見たことないようなレベルが求められた。そうした宇宙船を実現するために、効果チームはCGではなく実際のモデルを作らなければならなかった。異なるサイズのモデルが3体作られ、たとえばある撮影セットでは、一部分だけで直径26フィートもあるモデルが作られた。

　スコールは言う。「巨大ゆえ、遠目ではすごく滑らかに見えるんだ。でも近付くと、すべてのディテールやテクスチャが見えるようになる。さらに近寄ってテクスチャのサイズが異常に大きいことが分かると、円盤全体のあまりの巨大さに気付くんだ。こんな風に段階的にスケールを表現することで、目にしていたものの実態が少しずつ分かるようにしたのさ。一種のトリックだよ。一方で、シティ・デストロイヤーをタワー構造にしようというアイデアもあったんだ。円盤でも前と後ろを区別できるようにすれば、どこを狙って攻撃すればいいかわかるだろう？」

アート&メイキング・オブ・インデペンデンス・デイ：リサージェンス

見開き： シティ・デストロイヤーのモデル。生命感とパワーに満ち、非常に高度であるものの、長年にわたって使われ古びている。どのようにモデルのテクスチャを作り込んだかについて、スコールはこう説明している。「底部のパターンについては、「1つ作ったらコピー機に通し、それをコピーアンドペーストしてパターンを繰り返す」という方法を取ったんだ。本当に手間暇かかってね。整合性をとるのに写真を使ったこともあったし、大部分は手作業で発泡体を彫ってから型取りして、複製したんだから。タトポロスが底部全体のパターンを担当し、シティ・デストロイヤーの底面のルックを作ったんだけど、なかなかよかったよ。シティ・デストロイヤーの中央部分も同じように作った。ここは強力なビームを発射する開口部だったから、僕は発泡樹脂と可動パネルを使って、さまざまな広さに開く小型の模型を作ったんだ」

## ホワイトハウス

「実体のある本物のセットについて、1つ言っておきたいことがある。モデルを使ったホワイトハウスの爆破シーンは、現在のCG技術をもってしても超えることはできないだろう」と、撮影監督のカール・ウォルター・リンデンロープは語っている。

ホワイトハウスの住居部分と大統領執務室は、ハワード・ヒューズがかつて所有していた長さ750フィートの航空機格納庫に作られたセットだった。しかし外装は、完璧にディテールを作り込んだ高さ5フィート、幅15フィートのモデルで、中にはドールハウスの家具がいくつも置かれていた。このモデルは爆破シーンだけではなく、俳優たちのシーンでもカメラトリックとともに使用された。オリバー・スコールは言う。「ホワイトハウスのシーンでは大々的にフォースド・パースペクティブを利用したんだ。前景にある実物大のフェンスのところに立つと、地面が後ろに向かって高くなっているのと、視線とフォースド・パースペクティブの効果によって、ホワイトハウスがある背景を見るころには本当にカメラの向こう側にホワイトハウスがあるように感じられたものだよ」

「不信の停止」はすべてのストーリーテラーが依存していることであるが、極めてリアルで創意に富んだセットや特殊効果を使用することは作品をより良いものにしてくれる。当然ながら、世界中の観客は、念入りに作成およびテストされたミニチュアがこの大ヒット映画のシーケンスを生み出していることが分かっていた。新しい特殊効果テクノロジーはまだ完全には長編映画制作を支配していなかったからだ。

「オリジナルの「ID4」は、ミニチュアによる視覚効果を使った最後の映画の1つだった」と、視覚効果スーパーバイザーのフォルカー・エンゲル（Volker Engel）は回想する。「画面に映し出された視覚効果の少なくとも80％はミニチュアモデルだと言っても、ほとんどの人は信じないんだ。それらのミニチュアは、モデルスーパーバイザーのマイク・ジョイス（Mike Joyce）と専門家を揃えた彼の素晴らしいチームが作った。セットに設置したカメラで4000個以上の要素を撮影し、それらをデジタル合成で組み合わせたんだけど、その多くは僕の共同スーパーバイザー、ダグ・スミス（Doug Smith）が力量を発揮してモーションコントロールカメラで撮ったものだよ」

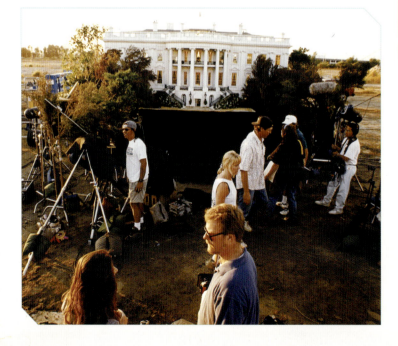

アート＆メイキング・オブ・インデペンデンス・デイ：リサージェンス

エイリアン戦争の歴史

本ページ： 夜間の攻撃の撮影に備えて、モデルに仕上げを施している。ホワイトハウスの芝地を表現するために、モデル正面のカリフォルニア州の砂漠の上に小さい人工芝が敷かれた。

アート&メイキング・オブ・インデペンデンス・デイ：リサージェンス

## ホワイトハウスの爆破

　この映画の最も重要な攻撃で、最も有名なシーンとなったのは、エイリアンがホワイトハウスを破壊する場面だ。監督のローランド・エメリッヒは語る。「これほど象徴的なシーンになるとは思っていなかった。観客から歓声があがったんだ！」

　ミニチュアには30個を超える爆弾が仕掛けられた。モデルは1体しかなかったため、撮影するチャンスも一度きりだった。1996年、CGはコストが高くついたうえ、2016年の現在ほど洗練された技術ではなかった。当時、エメリッヒはこう語っていた。「大きいモデルを爆破するなら、フィルムに収めるのがベストだ。たとえば炎なんかは、でたらめで予測不可能なCGIを使ったらひどい出来になってしまう」。このことは、ホワイトハウスのシーンの効果をカメラの前で作り出さなければならなかったことを意味している。さまざまなアングルから撮影できるように、9台のカメラがセットアップされたのだ。

　この大胆不敵なショットは非常に大きい爆発のように見えるが、実際はすべてミニチュアで撮影された。爆破技師であり業界のレジェンドでもあるジョー・ヴィスコシル（Joe Viskocil）と効果チームが手を組んだのだ。ジョーとともにこの名シーンを作り上げた（彼とはアカデミー視覚効果賞も分かち合った）フォルカー・エンゲルは言う。「ミニチュアのホワイトハウスの上にシティ・デストロイヤーを配置したんだ。（ハンマーというニックネームで呼んでいた）ビーム以外は一切CGで誇張したりしなかった。ホワイトハウスに落とされたビームだけ、CGで作ったんだ。他はすべて実際に撮影したものさ。ジョーと僕は、正確なタイミングをつかもうと前日にいくつかテストをして、タイミングが合っていないことが分かった。僕たちが撮影したのはごく一部だ。そうしないとすべてを吹き飛ばさなくてはならなかっただろうし、タイミングを合わせることもできなかっただろうからね」

　完成したシーケンスはこの映画の「決定的瞬間」になった。実にリアルだったことから、映画製作者は本物のホワイトハウスで作品を上映するよう依頼を受けたほどだ。

## 「タイムアップ」

カウントダウンが0になるのをレヴィンソンが見届けると同時に、地球全体でエイリアンの攻撃が始まる。リンカーン記念堂やエンパイアステートビルなどの象徴的な建物は、すべて爆破するためにミニチュアで作られたものだ。ロサンゼルスとニューヨークの街並みも、タクシーから街灯、看板といった細かい部分まで忠実に再現された。デスク、コンピュータ、コーヒーメーカーなどが置かれたオフィスもまた、シティ・デストロイヤーの炎の壁が街に押し寄せてくるときのために用意された。

ホワイトハウスの爆破同様、これらの効果もカメラの前で撮影された。もうもうとうねりながら通りを迫り来る炎を作るために、ジョー・ヴィスコシルはミニチュアセットを90度傾け、その下に火工品を置くことにした。火柱は煙突の中を通るかのように上昇するものであることを彼は知っていたからだ。セット上方にカメラを設置し、高感度フィルムに記録したものをスロー再生すると、本当に大都市が破壊されているかのような映像が完成した。

ロサンゼルスでは、ジャスミンの友人ティファニー（カースティン・ウォーレン（Kiersten Warren））を含む大勢の人々がエイリアンを歓迎してライブラリータワーの屋上に集まっている。最初に襲撃を受けるのは彼らだ。ティファニーや他のUFOの熱狂者たちのクローズアップはセットで撮影されたが、その一群を広角でとらえたシーンはロケで撮影された。このシーンについてカール・ウォルター・リンデンロープは、最も複雑な後方支援を要するシーケンスの1つだったと回顧している。

「僕たちはある晩、2機のヘリコプターを飛ばし、いくつかのビルの屋上に7人のカメラマンを待機させた状態で撮影に臨んだんだ。それぞれの屋上には特製の照明装置を取り付けておいたから、空から撮影することも、屋上にいる人たちを実際に見ることもできたよ。これらの屋上の照明装置のデザインは検討に検討を重ねなければならなかった。2週間取り付けたままにするから、安全性も求められたしね。撮影当日、ファースト・インターステート・バンクが当時入居していたこの超高層ビルに、僕たちはコマンドステーションのようなものを作った。屋上には俳優とエキストラを撮影するスタッフがいて、その下のフロアでは僕たちが何台かカメラを用意したり、窓を取り外したりしていた。そしてローランドは、それぞれの屋上のカメラからビデオを転送してもらうためのコンソールを持っていた。衛星回線を介してビデオをリンクする必要があったんだ。そうすれば他のカメラマンが撮影した映像を見ることができるからね。周回しながら撮影しているヘリコプターにカメラを1台乗せ、ショットに登場する警察ヘリのようなヘリコプターにもう1台乗せた。ここまでくるには練習、調整、さらなる練習が必要だったよ。その後、空はまだ少し青いけれど、街や通りに明かりがつく25分間の時間が訪れたんだ。僕たちはこれを「マジックアワー」と呼び、その間にそのシーケンスを撮らなければならなかった。本当にわくわくする撮影だったよ」

本ページ：ニューヨークとロサンゼルス上空に漂うシティ・デストロイヤー。

右ページ：炎に飲み込まれるLAのダウンタウンの映画スチール。

右ページ下段中央：「僕はある破壊シーケンスに特別出演しているんだ。ビルの外観からオフィス内にショットが切り替わり、男性がキャビネットでファイルの整理をしている場面だよ。後ろに吹き飛ばされる場面だけスタントマンを使って撮っていたんだけど、「正面から顔が見えないのかい？ この男性が炎にどう反応するかを撮りたいんだ」とローランドが言うから、僕はこう答えたんだ。「デミル監督、それなら僕のクローズアップの出番ですよ」（フォルカー・エンゲル）

見開き：廃虚と化したロサンゼルスの街を眺める、軽症で済んだジャスミン、ディラン、ブーマー。破壊された天使の街を再現するため、撮影はカリフォルニア州フォンタナのカイザー製鋼所で行われた。ここは放棄された場所だった。スコールは言う。「この巨大な産業の遺物は、破壊し尽くされた街を見事に表現してくれたよ」

## 事象

プロデューサーと共同脚本を務めたディーン・デヴリンは、ある問いかけがきっかけとなって、映画のアイデア、つまりビジュアルとプロットが完璧に融合した映画にしようというアイデアをひらめいたそうだ。「ローランドはこう言ったんだ。「明日の朝目覚めて、幅15マイルの超巨大な宇宙船が世界中の30の主要都市に漂っていたらどう思う？ 人類史上、最も重大な日になるとは思わないかい？」

パトリック・タトポロスは、観客に理屈抜きの衝撃を与えることを意図してイメージを作り込んだ。「あまりに巨大で宇宙船の全貌を見ることもできない。窓から外を見ると、空一面が機械になってしまったように見えるというのがローランドの希望だった。「ID4」の基調はこれで決まったんだ」

宇宙船の圧倒的な迫力を苦労して引き出しているのは、予兆、つまりジョン・マーティン（John Martin）が描く惨禍を彷彿とさせる炎のような雲だ。この効果は、水のタンク、つまり「雲のタンク」で作られた。ハロゲンライトをあちこちに付け、全体に穴を開けた細い金属パイプが水槽の中に沈められ、そのパイプにポンプで絵の具が注入された。絵の具が水中に広がる。フォルカー・エンゲルは説明する。「パイプの動きで広がり方は変わってくるんだけど、たいていは雲のように見えたんだ」

これに、事前に撮影しておいた、大勢のエキストラが何もない空を凝視して反応するショットを組み合わせた。奴らは到着していたのだ。

その事象に続いて攻撃が始まると、生存者たちは共に街を脱出して、反撃のチャンスをうかがうことになる。

アート&メイキング・オブ・インデペンデンス・デイ：リサージェンス

## グランドフィナーレ

　ヒラーとレヴィンソンはエイリアンのマザーシップへと侵入する。防護シールドを無効にするウイルス（トロイの木馬）を植え付け、その間に地球上のパイロットたちが攻撃できるようにするためだ。空中戦は、ディーン・デヴリンが指揮するセカンドユニットによって撮影された。実物大のコックピットが使われ、背景にはミニチュアの戦闘機が置かれた。空中を急降下したり回転する感じを出すために、すばやく回転できるジオラマも用いられた。俳優たちは、「ジンバル」によって激しく揺れ動く実物大の戦闘機の中で演技をした。眼下に広がる砂漠は、回転する柱に支えられて浮かぶ直径15フィートのシティ・デストロイヤーのモデルのスケールに合わせて、細部まで再現された。

　戦闘機を攻撃する数百機ものアタッカーをリアルに表現するために、ほんの一部であるが最先端のCGが利用された。エンゲルは言う。「CG要素はほんの数カット単位でしか使わなかったんだ。たいていはミニチュアを動かして撮影したんだけど、CGの宇宙船を使ったショットが1〜2個あった。ポストプロダクションのかなり終盤でそのCGシーンを仕上げ、コックピットに座るパイロットの場面に挿入したのさ。合成は一切しなかった。完全に実写か、CGの宇宙船を使ったワイドショットに切り替わるかのどちらかだ。空中戦に出てくるのは動きを制御したミニチュアの宇宙船だけで、CGは使わなかった。CGだったのは、100機のアタッカーが群れを成して襲ってくる場面だけだ。6〜7機がフレーム内に収まるような、それぞれの戦闘機がもう少し大きく映し出される場面は、ミニチュアで別に撮影したんだよ。

当時はまだ、CG画像のレンダリングがいつまでたっても終わらない時代でね。CG部門には合計6名のスタッフがいたけど、シティ・デストロイヤーの眼下を映し出すスーパーワイドショットを担当する会社がまた別にあった。空中戦を闘うアタッカーの群れがかなりの遠景で小さく見える場面のために、彼らは主にその動きをシミュレートするソフトウェアを作ってくれたんだ」

　空が優美とも言える無秩序状態にある中、人類最大の戦いへとパイロットたちを導いたのはホイットモア大統領の言葉だった。同胞たちを団結させ、鼓舞した彼の呼びかけは、映画史上最も有名な演説シーンの1つとなった。「おはよう。1時間後には諸君は飛び立ち、世界中の仲間と合流する。そして人類始まって以来最大の空中戦に臨むことになる。そう「人類」―この言葉に今日新しい意味を持たせるんだ。これからは些細な違いなどに拘っていてはいけない。我々は共通の目的で団結する。この日が7月4日だというのも不思議な巡り合わせだ。我々はもう一度独立のために戦おう。敵が求めるものは弾圧や迫害ではない。人類の滅亡だ。生き残る権利をかけて戦おう。必ず勝利の旗を揚げ、7月4日という日を単なるアメリカの独立記念日ではなくするのだ。世界が声を揃えて宣言した日だ。我々は決しておとなしく死の闇に消えたりはしない。我々は決して戦わずして死にはしない。みんなで生きるのだ。生き残るのだ。今日、我々の独立記念日を祝おう」

# EARTH
## AFTER THE INVASION

侵略後の地球

デイヴィッド・レヴィンソン

# 侵略後の地球

「そして500万日目、ノアとその一団は船から降りると、腕まくりして仕事に取り掛かった。彼らは再建したのだ」

「旧約聖書」の記憶がちょっと違っているかもしれないけど、僕たちにあるのは破壊された地球と、力を合わせて世界を改善しようとしている、もう一度、世界を人類にふさわしい場所にしようとしている、わずかな生存者だ。神が我々に与えた使命に文句を言おうってわけじゃない。それでは1996年7月に亡くなった何億もの人たちに失礼だろう。だた「権力者の言うことを信じるな」っていう、父の教えは理解しているつもりだ。

そうは言っても、1996年7月5日に僕たちに残されたものは、修復が必要な地球と作らなくてはならない未来だった。それこそが残された僕たちに課せられた使命だったんだ。

我々は、エイリアンについてほとんど知らなかった。奴らの信号をたまたま見つけ、そしてマザーシップの中を覗き見たおかげで、僕には分かったことがある。だから専門家になったんだ。僕たちは、墜落した宇宙船から人類が使えそうなものを選ぶことで、奴らのテクノロジーを取り入れた。奴らの装備は地上のあらゆるものをはるかに超えていてね。宇宙船はどれも反重力を使っていたし、武器はそれぞれ非常に強力な動力源を備えていたんだ。これらのメカニクスを安定化し、人間のエンジニアリングに応用する方法を見つけるのに何年もかかったよ。僕はエリア51の研究員と手を組んだんだけど、残念ながら、オークン博士は参加できなかった。彼なら「わくわくする」と言いながらやり遂げただろうね。僕たちは皆、彼はエイリアンに殺されたと思っていたけど、1996年からずっと昏睡状態のままなんだ。彼はケアを受けて、いつか僕たちが作った未来を彼に見せられたらいいなと思っている。

果たしてそれはどんな世界か。

これまで一度たりともなかったことだけど、人類は自分たちの小競り合いをやめ、協力するようになった。国境紛争、宗教闘争、国際戦争、こういったことはすべて、我々人類とその世界を守ろうという名目のもとに姿を消していったんだ。「我々が戦争を終わらせなければ、戦争が我々を終わらせるだろう」とは、1936年にH.G.ウェルズが言った言葉だ。僕たちは今になってやっと、団結すればより強くなるということを理解したのさ。無数の死者をもって学ぶというのは、何とも恥ずべきことだけどね。

1996年7月5日には単なる瓦礫の山だった都市は、今ではすっかり復元されて、前よりももっと機能的になった。ニューヨーク、LA、ロンドン、パリの再建には数十年かかるはずだったけど、その工程はエイリアンのテクノロジーによって計り知れないほどスピードアップしたんだ。ほんの数年必死に働いただけで、ありがたいことにエッフェル塔を再建できたよ。ホワイトハウスだって元通りだ。ドバイには、2,700フィート以上もある世界一高いブルジュ・ハリファというすごいビルも建てられた。僕は上るつもりはないけど、きっと素晴らしい眺めだろうと思うよ。こうして、僕たちは生産的で楽観的な時間を過ごしてきたんだ。楽観的？　この言葉はやや率直に僕たちの気持ちを表しているかもしれないね。確かに、僕たちは昔より強い気持ちになっている。1996年が遠くなるごとに、僕も少しずつよく眠れるようになっているよ。だけど、あの日々の影は今でも心のどこかにあるんだ。誰も口にはしない。言ったら魔法が解けて、すべてが順調だという気分が台無しになってしまうから。

時々、一日の仕事が終わり、みんなが家に帰った後、僕は一人で静かに新しい人工衛星が送ってくる信号を聞くんだ。1996年にそうしたように、そこにあるはずのない何かが聞こえるんじゃないかと待つのさ。目を閉じて待っていると、ある考えが繰り返し浮かぶんだ。「僕たちはかりそめの時間を生きているだけなのだろうか？」ってね。

そんな考えを頭から追い出して、僕は仕事に戻る。

僕が好きなときに衛星を聞くことできるのは、こうしたことを気にかけている人たちが、僕を「権力のある地位」にさせたからだ。僕は1996年の功績に対して（まるで報酬のために故郷と愛する人たちのために戦っているみたいだ）、重い責任という褒美をもらったんだ。あの戦争の直後に、招かれざる客の再来に向けての準備を指揮する機関、地球防衛軍（ESD）の設立が満場一致で決定された。僕は（今は）良き友人であるトム・ホイットモアと密に連携して整備にあたったんだ。2人とも、地球は奴らが戻ってきたときのために備える必要があると信じていたからね。僕はただちにエイリアンのテクノロジーや、それを人間の利益のために使う方法を研究し始めた。

団結した地球を目の当たりにするのは素晴らしいことだった。でもそれにはコストが必要だったんだ。

僕の妻は、「元妻」から再び「妻」になった。僕たちは幸せだった。あの経験から何が本当に大切かを学んだんだ。世界全体と同じで、僕たちも別々にいるより一緒の方がよかったんだよ。僕はESDで長時間働き、彼女も自分のキャリアに夢中で、父さんは相槌やまばたきで励ますばかりだったけど、僕たちはうまくやっていたんだ。5年間皆で楽しく過ごした。でも1人がガンに侵されてしまってね。彼女はいなくなってしまった。もしエイリアンの襲撃がなかったら、僕たちは和解しなかったかもしれないというのは皮肉なことだよ。あの大虐殺からも何かが得られるのだから。だけど、その教訓はきっとこういうことなんだ。どうしたら進み続けられるか、望みを捨てずに挑戦し続けられるか。コニーはもういないけど、僕は進み続ける。いつか僕が死んでも、父さんはきっと進み続けるに違いない。

| デイヴィッド・レヴィンソン | 侵略後の地球 |

何年もかけて、僕たちの防衛は形になり始めた。月面基地を作った。これを運用するのは賢くて非常に有能なジアン・ラオ（Jiang Lao）司令官だ。人類が最初に月に降り立ってから50年もたたないうちに、僕たちは常設の施設を作ったんだ。ただし、僕は極力そこには行かないようにしているよ。眺めはいいけど、スティーブの操縦でいい思いをしたことはなかったからね（命を助けてくれたことは別だよ）。それに、いつも葉巻を吸うことになってしまうし。

これを書いている今現在も、僕たちは火星と、土星の衛星のレア1に基地を作っているんだ。僕たちが設置するキャノン砲は、エイリアンのシティ・デストロイヤーが地球の街を壊すのに使っていたのと同じプラズマテクノロジーを利用している。このシステムを完璧にし、生成される膨大な熱量を制御できるようになるのに何年もかかったよ。僕たちが作った兵器や、エイリアンと人類のハイブリッドの宇宙船にそのパワーを搭載するのは想像以上の難題だった。トムと僕は、安全性が確認できるまでは、人間を被験者にしてそれらを使うべきではないと主張したんだ。

だけど2007年には、トムの大統領任期が終わり、副大統領のベル（Bell）が力を増していた。ベルとその補佐官のタナー（Tanner）は、僕たちの研究を強引に推し進めて、とても不可能なところまで到達してしまったんだ。できる限り抵抗したけど、人間を使ったハイブリッド宇宙船の試験が行われることが告知されると、僕にできることはもうなかった。スティーブも時期尚早であると知っていたけど、彼がその試験をやらなければ、別の誰かがやるだろうということが分かっていたんだ。

彼の考えは正しかった。準備は整ってなどいなかった。

宇宙船が誤作動したとき、僕はそこにいた。それからジャスミンも、彼の義理の息子のディランも、全世界も、この偉大な英雄の最後のフライトを見ていたんだ。

僕はベルやタナーを責めるつもりはない。彼らはエイリアンが今にも戻ってくるかもしれないと恐れており、その恐怖からそうした。彼らの不安な気持ちが、スティーブの勇敢さを利用したのだから。

いや、やっぱり本心では責めているよ。親友を失ったんだ。僕に残された吸われていない葉巻がそれを証明している。

この後僕は、こんな悲劇や茶番がもう二度と起きないように、自分にできることを必死でやった。ESDの責任者の地位を争ったんだ。そうして僕は、装置の研究や試験の権限を手にしたのさ。チェスをする時間は大分減ったけどね。

未来は過去よりも悪くなさそうだ。ジャスミンとスティーブの息子のディランは、勇敢で有能で優しい男に成長し、父親そっくりなパイロットになっている。パトリシア・ホイットモアは両親から品性、知性、気高さを受け継いだ。そういえばトムは、近年大変な状況なんだ。彼は誰よりも96年の戦争にとらわれていてね。最後に会ったとき、彼は正気を失い取り乱していたけど、

## 「僕は親友を失った」

彼が毎日何者かと戦っている姿は、彼が以前と変わらず勇敢な男であることの証だと僕は思っているよ。

僕たちは今、20世紀半ばに思い描いていた通りの未来を生きている。不可能だったテクノロジーに、月での生活、レーザーガン。そうは言っても、僕は相変わらずメガネをかける必要があるし、人々にリサイクルを啓発するのも変わっていないんだけどね。

ユートピアじゃないけど、僕たちはそこにたどり着こうとしているんだ。

これを書きながら僕は、この長い年月に起きたあらゆることを回想し、自分がどれだけ年を取ったか、そして僕たちが次の世代のために作り、守ろうとしている未来について思いを巡らせている。孫のいない僕の父について考える。恥ずかしながら、父さんとはもうずいぶん長いこと会ってないんだ。だけど僕だけのせいじゃないよ。確かに、父さんのとんでもない自伝を宣伝するためのサイン会に行くのに同意したのは僕の過ちだった。でも、父さんがビートルズの「All You Need is Love」のリサイタルをやろうとしたのは僕の過ちじゃないからね。父さんは最後に言ったんだ。「ジョン・レノン。スマートな男さ。背中を撃たれたんだ。悲しいことだ」——これは僕が帰るときでね。デジャブの匂いがプンプンしたよ。

20世紀のあの攻撃の日が遠い昔になっていくことが僕には信じられない。自分の人生のこの時点でこんなところにいるなんて、思いもしなかったよ。あの記念日をどう位置付ければよいのだろうか？ 祝うのはおかしいけれど、誇りに思っていることも確かだ。

僕はワシントンDCの記念イベントには行かないつもりだ。バーベキューもしないし、家族とも過ごさない。代わりに仕事をするよ。コンゴに行くんだ。そこはエイリアンがシティ・デストロイヤーを着陸させ、上陸した地上で唯一の場所で、アフリカの反乱軍との1年に及ぶ陰惨な地上戦があったんだよ。そこで何らかの活発な動きが報告されていてね。僕の探究心は、それが1996年にマザーシップが来たときに気が付いたこと、つまりマザーシップの周波数からのパワーサージと何か関係があるのではないかと疑っているんだ。

何でもなかったのかもしれない。

遭難信号だったのかもしれない。

いや、たぶん何でもなかったんだ。

これから何が起こっても、僕たちはそれに対して準備ができていることを信じなくてはならない。人類はだてに何千年と、かろうじて勝ち取ったこの20年間を生き延びてきたわけではない。僕たちは強くなった。進化したんだ。ここでもう一度ハーバート・ジョージ・ウェルズ（Herbert George Wells）の言葉を。「適応するか滅びるかは、今も昔も、自然の曲げられざる決まりなのだ」

もっとも、進化するのは地球上のものだけではないのだけれど。

## キャラクタープロフィール

## デイヴィッド・レヴィンソン

ジェフ・ゴールドブラム

　20年の間に、デイヴィッドの周囲は大きく変わった。地球防衛軍（ESD）の責任者に就任した彼は、エイリアンの生活や文化を研究し、そこから得たテクノロジーを開発中の武器や機器に組み込むという任務にあたっている。重責にもかかわらず、デイヴィッド自身は変わらぬままだ。

　ゴールドブラムはこう考察している。「彼はもともと潜在能力にあふれた男なんだ。20年前の危機で、彼の新しい部分が引き出された。父親にはずっと出来の悪い息子だと思われていたけど、彼は前々からロマンチックで、個性的で、科学に誠実で、ワイルドな好奇心を持った人物だったのさ」

　ゴールドブラムは続ける。「この20年の間に、ESDの責任者に就任したんだ。だから、やることはたくさんあるし責任も大きい。彼にとっては奇妙なポジションだ。基本的には彼は変わっていなくて、昔と同じようにロマンスと、地球や人間に対する詩的な愛と、ワイルドな好奇心に満ちているんだから」

　デイヴィッドはこれまで通り、知性の面ではアクティブで満ち足りているが、私生活には苦難が多い。父親には長い間会っておらず、（再婚した）妻コンスタンスはガンで亡くなってしまった。一緒に宇宙に出て地球を救って以来、スティーブン・ヒラーとは親友になっていたが、スティーブンの早すぎる死によって、デイヴィッドは全世界が立ち向かってきた深い悲しみと再建に直面することになったのだ。

　前作のキャストとスタッフの多くが再結集した「リサージェンス」は、新しいテクノロジー、大志、インスピレーションを持って「インデペンデンス・デイ」の愛すべき世界を再訪する機会となった。ゴールドブラムはこう語っている。「前より大きく、ずっと大きくなった。セットもこれまでに見たこともないような大きさで、かつ精巧で、美しいアート作品みたいなんだ。20年前のローランド・エメリッヒは誰よりも魅力的で情熱的な人だったけど、それは今でも変わっていない。いや、さらに魅力的になっているよ。前よりさらに深みが増して、情熱的で思いやりのある人になったと思う。それに彼は、根本的には愛、つまり地上のすべての人々の間にある関係について語るのが大好きなんだ。彼は優れたストーリーテラーなんだよ。ディーン・デヴリンは「ローランドはどういうわけかこのプロジェクトにかなりの熱意を傾けているよ」と、僕に言ったけど、彼は本当に燃えていた。僕もそれを経験したよ。毎日16～17時間仕事していた僕たちの原動力は彼だったんだ。全員が力を注いだ幸せな作品だ。すごくスリリングな経験をさせてもらったよ」

キャラクタープロフィール

## トーマス・J. ホイットモア
ビル・プルマン

　前大統領にとって、過ぎた日々は優しくなかった。1996年の戦いのとき、スティーブン・ヒラーが捕獲したエイリアンはオークン博士を瀕死の状態にし、エイリアン種族とオークン、そしてホイットモアの間をテレパシーでつないだ。その後遺症によって、大統領はかつてとは異なる抜け殻のような人間になっていた。「リサージェンス」の登場シーンでは、彼はさらに悲惨な攻撃が起きるという悪夢にうなされて、叫びながら起きている。

　プルマンは説明する。「僕のキャラクターは大きな変化を経験した。彼は大統領として、先頭を切って侵略者エイリアンの打倒に向かったことで世界的に一躍有名になった。でもエイリアンが再び襲来して、前よりも悪い事態になるという恐怖と不安に繰り返し襲われているせいで、精神状態が不安定になっているんだ。だから、2作目の冒頭で登場する彼は、前のホイットモア大統領とはまったく異なっている。まるでPTSDを患っているみたいにね」

　大統領はセーラ・ウォード（Sela Ward）演じるランフォード（Lanford）に代わっており、ホイットモアは今では娘のパトリシア（マイカ・モンロー（Maika Monroe））、そしてベンガ・アキナベ（Gbenga Akinnagbe）演じる大統領護衛官のトラヴィス（Travis）に監視されている。プルマンはこう続ける。「彼は隔離されているようなものなんだ。特に娘は、彼を公衆の目から遠ざけたいと思っている。彼自身、そして他の人が恥をかかないようにね」

　ホイットモアと彼の可愛い娘の結び付きは、優しさあふれる関係が描かれた1作目でも、続く「リサージェンス」でも作品の鍵となる。自身も同じ年頃の娘を持つプルマンは、ホイットモアの父親としての面と、家族が助け合う関係に共感することができたと言う。「映画に出演したとき、僕の娘は6、7歳だったと思う。今はマイカ・モンローが僕の娘で、彼女は20代だ。だから彼女との突然の衝突はすごく自然なことだった。守ろうとしている人が実際にいるけど、自らの問題でノックアウト寸前の自分が彼女にとって良い父親でいられるはずがないってことを考えようとするんだ。彼女がきっかけとなって、僕は変わり始めることになる。自分が何をする必要があるか本当に気付かせてくれたのは彼女との衝突なんだ」

　映画の中でも現実でも20年が経過したということは、キャラクターと俳優に本当の意味で時間の経過を感じさせた。物語が続き、キャラクターの生活も続くのは決まっていたが、問題はいつの時代に、どのように続くかということだった。「続編については、ローランドが1作目と同じくらい素晴らしいものを作れると確信できるのを待つしかなかったんだ。彼の準備が本当に整ったら、もう一度やりたいと望むのは簡単だった。俳優として、僕はちょっとキャラクターと同じような気持ちだよ。最初の一件以来、奴らが戻ってくるのは分かっていたんだから」

## キャラクタープロフィール

### ジェイク・モリソン
リアム・ヘムズワース

　1996年のエイリアン侵攻によって家族を亡くし、孤児となったジェイクは、自信家の一匹狼で、自分の本能を強く信じる人間に育った。リアム・ヘムズワース（Liam Hemsworth）は語る。「彼はいつだって喧嘩腰だ。劣等感がそうさせている。そう、いつだってやり返す方法を探す、衝動的な若者なのさ。いいやつなんだが、思慮深さというものが欠けているんだと思う」

　彼の自信と無謀さは、権威との衝突を招いてしまう。友人の命を救うといった立派な意図で行動していても、月面基地のリーダー、ラオ司令官などの上官の意志に背くことになってしまうのだ。ジェイクは戦闘機パイロットになることを望んでいたが、道を踏み外した彼は今、親友のチャーリーとともに、基地でムーンタグに乗って宇宙兵器を運ぶ仕事をしている。

　ヘムズワースは語る。「ジェイクにとっては、あまり面白くない仕事だ。彼は思ったことをすぐに口にするところがあり、常に負け犬だったんだ。彼は他の人の地位、特にディランの地位を妬んでいると思う。ディランはある意味ゴールデンチャイルドで、いつもすべてを与えられているように見える。（一方で）ジェイクは何を手に入れるにしても本当に戦わなくてはならなかったんだ」

　そして彼が手に入れたのは、ホイットモア大統領の娘、パトリシアとの恋愛関係、それからデイヴィッド・レヴィンソンの信頼である。デイヴィッドが月の裏側（ダークサイド）にある謎の宇宙船の残骸を調査しなくてはならないとき、上官や大統領の命令に背いて彼を助けるのはジェイクだ。

　ムーンタグを操り、後にエイリアンの宇宙船の副操縦士となるジェイクは、21世紀的な空中戦などの主要なアクションシーケンスで重要な役割を果たす。「ジェット戦闘機もムーンタグもすごいんだ。今まで出演した中で、一番手が込んでて細部まで作りこまれたセットだよ。マザーシップへの攻撃は、ジェイクにとっては初めて戦闘機に戻れてワクワクする瞬間だったんだ。だけど、エイリアンの侵略のパワーに負けてしまう。エイリアンは圧倒的な数と、より進化したテクノロジーを駆使しているんだ」

　こうした大規模な戦闘を作り上げるには、CGだけでなく、すべてのシーケンスを入念に計画していたローランド・エメリッヒ監督の協力が不可欠だった。「この映画では、ブルーシートの前での演技がずいぶんあった。どんなシーンになるかはまるきり分からないんだ。言葉では説明してもらえるから、それを信じるしかないのさ。ローランドはこの手の映画を撮らせたら世界一の監督だ。彼の頭の中では完成したシーンが描けているんだよ」

## キャラクタープロフィール

### ディラン・ヒラー
ジェシー・アッシャー

　1996年にエイリアンが地球に来たとき、ディランはほんの子供だった。あの侵略後の日々とともに成長してきた彼は、20年後、まさにその時代の産物と言える人物になっていた。英雄の子として育った彼は、同じ境遇にあるパトリシア・ホイットモアとともに特別視されている。ディランは、義理の父スティーブンと同じく軍隊に入り、戦闘機パイロットになった。

　ジェシー・アッシャー（Jessie Usher）は言う。「かなり優秀なんだ！　彼は天賦の才能で今のポジションにいるんだよ。彼は航空部隊のリーダーで、すごく才能のあるパイロットだ。本当に仕事熱心だから、仲間の信頼も厚い。プレッシャーをうまくコントロールしているし、父親の偉業もよく理解している。リーダーにふさわしい男なんだ」

　ディランは、リアム・ヘムズワース演じるジェイクやマイカ・モンロー演じるパトリシアとともに、新世代として「インデペンデンス・デイ」の物語を継続させている。キャラクターにとっても観客にとっても、彼らは未来を模索すると同時に、過去との架け橋でもある重要な存在だ。ディランと母親のジャスミンは、この20年で絆を深めているはずであり、2人の俳優は撮影が始まる前からすでにこの絆に取り組んでいた。

　アッシャーは言う。「僕がキャストされることを知って、ヴィヴィカが連絡をくれたんだ。「息子に早く会いたいわ！」ってね。現場に着く頃には、僕たちはすでにお互いを知っているように感じたよ。彼女のおかげで僕も息子になる準備ができたんだ」。さらに、キャラクターについてアッシャーはこう続けている。「（2人は）ともに成長してきたんだ。解決しなきゃならない問題には、一緒に立ち向かってきたんだよ」

　2人が立ち向かってきたこと、ある意味ではまだ乗り越えていないが、それはスティーブン・ヒラーの早すぎる死だ。アッシャーは語る。「彼の死はまだ記憶に生々しいんだ。今でもニュースで流れるし、「お父さんのことは残念だったね」とよく声をかけられるからね。彼が近くにいて、どうしたらよいか教えてくれたらいいのに、と思うよ」

　ディランは劇中でスティーブンに最もつながる存在であり、勇敢な戦闘機パイロットという役割を背負ってはいるものの、決してスティーブン・ヒラーの代わりではない。「ディランとスティーブンは似てないけど、周りの状況のせいで似ているように見えるんだ。どうしてもつなげて考えてしまうんだろうね。ヒラーは伝説のキャラクターだし、完全に切り離すのは無理だろう。1作目を知っている人は、ちょっとしたことに気を留めて、「スティーブンも言いそうだ！」って言うかもしれないね」

　アッシャーはディランをこう表現している。「彼は自分というものをしっかり持っているんだ。彼はヒーローなんだけど、僕は今まで演じたことがなかった。演じる対象としても、キャラクターとしても申し分ない男なんだよ。彼を演じるのはすごく楽しかったよ！」

 ## パトリシア・ホイットモア
### マイカ・モンロー

　前作では、彼女は「子供」だった。あれから早20年、パトリシア（パティ）・ホイットモアは父と同じ政治の道に進み、新たに建て直されたホワイトハウスの中にいた。パトリシアはランフォード大統領の側近となり、かつて遊び場だったペンシルベニア通り1600番地のホールが彼女の仕事場となっている。パトリシアは責任や権威を真面目にとらえ、父の教えを学び、懸命に働いてこの職を得た。しかし、ホイットモア家は新しい時代に入ろうとしている。マイカ・モンローは彼女のキャラクターについてこのように語っている。「彼女は本当にタフなの。彼女は戦士よ。父親同様とても大きな心を持っていると思うし、映画でもそれがよく分かるわ。父親との関係もね。彼女はお父さんをすごく心配していて、彼のためなら本当に何でもするの」

　父親から受け継いだものは大きいが、20年後のトーマス・ホイットモアの現実は、誰かに世話をしてもらい、世間の目からなるべく隠れて生活するというものだ。「彼のことは、今の彼ではなくかつての彼として記憶にとどめておきたいの」と、パトリシアが話す場面がある。世界は徐々に通常の生活に慣れてきていたが、いまだ過去に苦しめられる父親を見て彼女は胸を痛めている。モンローは言う。「彼女は父親が狂っているとは考えていないと思うけど、心配しているのは確かよ。映画の中盤で、父親の言葉に本当に耳を傾けるようになって彼女は気が付くの。「分かったわ。待って。きっと警告があるのよ。おそらく彼は何か知ってるのよ」って」

　父親以外にも、彼女の人生には2人の重要な人物がいる。恋愛関係にある「バッドボーイ」のジェイクと、幼馴染のディランだ。モンローはディランとの関係についてこう説明している。「普通の子供時代じゃないのよ。2人は世界の英雄の子供として注目されながら育ったでしょう？　だから彼らの結び付きはその上にあるの。楽じゃなかったし、それがどういうことかって理解できる人はあまりいないと思うわ。これほど偉大な英雄を親に持つことのプレッシャーや現実をね。だからこそ、彼らの絆や友情は本当に特別なのよ」

　「リサージェンス」では、エイリアンの攻撃が降り注ぐ大半のシーンで、パトリシアはジェイクやディランと離れている。モンローが出演してきた映画の中で、この作品はずば抜けて規模が大きい。このSF世界とのふれあいは、非常にリアルで精巧なセットと、最先端の視覚効果の組み合わせを通して行われた。「私はこれまでずっと規模の小さいインディーズの世界にいたんだけど、こちらは巨大ね。セットもすごくて。特にシャトルベイなんて信じられないくらい。リアルでびっくりしたわ」。彼女は続ける。「Nカムというシステムが使われていて、リアルタイムでたくさんのCGIやエイリアン、爆発を見ることができるの。戻って再生してみると、なんてことのないブルーシートから走り去るシーンにエイリアンが入れられていたりして、驚きの連続だったわ」

### レイン・ラオ
アンジェラベイビー

　前作の「インデペンデンス・デイ」を「エイリアンの攻撃に対する北アメリカの反応」とまとめることができるとすれば、「リサージェンス」は世界対エイリアンの侵略であることに間違いないだろう。今回は全世界に規模を広げており、さまざまな国籍のキャラクターが登場する。

　新たに加わった主要キャラクターの1人が、戦闘機パイロットのスーパースター、レイン・ラオ（Rain Lao）である。この役を演じるのは、現実世界のスーパースターであるアンジェラベイビー（Angelababy）だ。この中国人のキャラクターは、月面基地を監督するジアン・ラオ司令官（チン・ハン（Chin Han））の姪である。両親が殺された後、彼が育ての親となったのだ。彼女は、ちょっとした有名人で、ジェイクの親友チャーリー（Charlie）に非常に高く買われている。そしてアンジェラベイビーが「強い女の子」と表現するように、任務を真面目にこなすプロフェッショナルだ。

　本作はアンジェラベイビーにとって初のハリウッド進出作であり、初の視覚効果を多用したSF映画でもある。彼女にとっての課題は、シーンを生き生きとしたものにすることだった。そのために必要だったのは想像力の駆使と監督への信頼だ。「技術がすごいのよ。毎回、撮影の前にローランドがモニターでプリビズを見せてくれて、シナリオを説明してくれたの。特に、ブルースクリーンの前で演技するときはすごく助かったわ。ああ、飛行機はこんな風に見えるのね、なんてことが分かるから。ブルースクリーンの前で演技するには想像力が必要なのよ」と、アンジェラベイビーは語っている。

　この重厚な世界を、大まかな全体像から最も細かなディテールにいたるまで実現することはとんでもない大仕事だ。そのすべての要素をエメリッヒがコントロールし、指揮しているのを彼女は目撃している。彼女のどんな質問にも、エメリッヒは必ず答えていた。「ローランドは天才監督だと思うわ。彼の中には未来や秘密の武器、それにエイリアンのディテールについての想像図がたくさんあるの。もしかしたら彼がエイリアンなのかもしれないわ」

## ランフォード大統領
セーラ・ウォード

トーマス・J. ホイットモアは、穏やかで冷静で謙虚な大統領だった。20年の間に何度か大統領が変わっており、現在はランフォード大統領がその任に就いている。ローランド・エメリッヒは彼女をこう表現している。「サザン・ベルだ。米国南部の特徴である鼻にかかった声を持つ、意欲にあふれた女性なんだ。すばらしい大統領だよ！」

新しいキャラクターであるが、もちろん彼女のバックグラウンドは1996年の出来事に影響されている。あの戦争で家族全員を失った後、彼女は強く、たくましくなり、信念を持って国のリーダーとなることを決意したのだ。世界の大半があの悪夢の出来事を遠い過去ととらえ、二度と戻ってこないと考え始めていることを受け、ランフォードはESDから手を引いて防衛費を抑え、国を前進させたいと考えている。新しい世界、新しいアメリカを、それにふさわしい大統領で実現するのだ。セーラ・ウォードは彼女についてこう語っている。「彼女にはすごい決断力があるの。そうでなくてはならないわ。彼女は恐れることなく力を使う。国を導き、決断を下すという意味ではね。とても力強くて、本当に怖いもの知らずなの」

ウォードは、数多くのキャラクターが最初の戦いで孤児になったため、国家や国際社会は全体として、それぞれの方法でその問題に立ち向かわなければならなかったと指摘している。

「こういう生い立ちのキャラクターを演じるとき、愛する人すべてを失った経験からくる感情的な性質を含めたくなるわ。喪失ゆえに身に付けざるを得なかった強さ、立ち直る力、内面の残忍さ。だから彼女はこんなに強い大統領になったんだと思う。彼女には失うものが何もないの」

 ## キャサリン・マルソー
### シャルロット・ゲンズブール

　ハリウッド作品では知られていないシャルロット・ゲンズブール（Charlotte Gainsbourg）という女優にとって、「リサージェンス」は最初の超大作となる。非常に多様な国のキャラクターがそろう中、彼女の役割は危機が訪れたときに全世界がどのように影響されるか、知的好奇心とサバイバルはアメリカだけの懸念ではなく、それが人間の性質であるということを見せることである。

　彼女は劇中、「エイリアンの精神の残存」、つまり第一波のエイリアンに接近した人々に作用しているイメージについて調査している。キャサリンは世界中を旅して、これに該当する人々が説明するイメージを研究しているのだが、とても重大で驚くべき事実が明らかになるのだ。前作と同様、戦争の科学的側面が兵器の力と同じくらい重要となっている。

　ゲンズブールは言う。「これまでこういう映画に出たことがなかったの。周りには今までに見たこともないようなテクノロジーがあふれていたわ。この映画のスケールから人々が想像するようなテクノロジーがね。私はすごくテクニカルで冷たい感じを想像していたんだけど、まったく逆だったわ。それほど大きくないし、とても人間的なの」

　ストーリーだけではなく制作の観点からも、脚本家たちは常に人間的な側面を表し、強調しようと尽力している。前作と今作の両方で、キャラクターの考えや個性を掘り下げる会話のシーンがアクションシーケンスの間に挟まれている。このやり取りこそが映画のキーだ。そしてキャサリンが主に接触する人物であり、彼女の最も親しい仲間であるのがデイヴィッド・レヴィンソンである。

　「彼らの関係は恋愛に近いんだけど、彼がキャサリンに電話をかけ直さなかったことに対して、彼に会う冒頭のシーンで彼女はちょっと腹を立てているの。彼に会うことは知っていたけど、彼は謝るべきだったと私は思うわ。そんな短気な一面もあるけど、彼女は信念を持ったとても強いキャラクターでもあると思う。デイヴィッドとは正反対かもしれないわね。彼女は人間を観察していて、彼はテクノロジーとエイリアンを観察しているから」

　ゲンズブールはこの役に、ヨーロッパ的なスタイルや感情、通俗性を吹き込んでいる。また共演者であるジェフ・ゴールドブラムは彼女をこう表現している。「彼女はとっても特別な人、そして女優なんだ。彼女と過ごした貴重な時間は、これまでで一番ワクワクしたよ。彼女は本当に素晴らしい人だ」

アート&メイキング・オブ・インデペンデンス・デイ：リサージェンス

# 月面基地

エイリアンを撃退して以来、人類はエイリアンのテクノロジーを盗み取り、自分たちの機器に利用してきた。デイヴィッド・レヴィンソンとESDによる20年間の取り組みは、文明社会の再建だけでなく、防衛面にも大きな進化をもたらした。

ESDは、招かれざる客の再来から地球を守るため、銀河中のさまざまな場所に前哨基地を設立しているところだ。最も遠いのが土星の衛星の1つ、「レア」である。その次に遠いのが火星で、完全な運用が最初に開始されたのが月面基地だ。これは地球にとって最後の防衛線となる。

前作はエイリアンの宇宙船が月の上空を通過する場面から始まるが、続編でも月は重要な場所とされている。月面基地はラオ司令官の権威下にあり、常につきまとうエイリアンの脅威のため、世界中の国々が協力している。エメリッヒは説明する。「戦後、再び脅威が戻ってくることを知っていたらどうなるだろうか？地球は団結するだろうね。中国もアメリカも、ドイツもフランスも関係ない。地球にいるのは同じ人間なのだから」

左：キャノン砲をソケットにはめ込むと、回転や旋回が可能になり、照準を合わせることもできる。

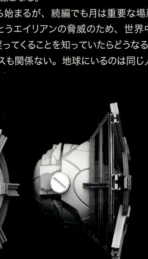

下：宇宙キャノン砲の3Dモデル。

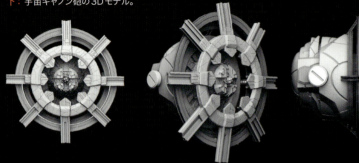

下：上空から見た巨大な基地のラフスケッチ。地平線の向こうに地球が見えている。

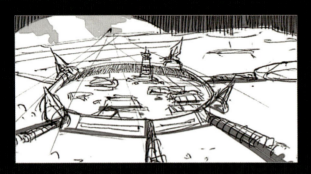  

  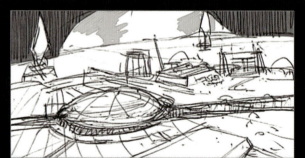

右：テクノロジーを駆使したキャノン砲の機能とディテール。右側にあるのがキャノン砲を設置するムーンタグ。

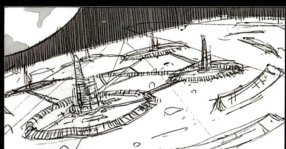

劇中のすべての兵器や装備と同じように、どんなに見栄えが良くても、空想的であってはいけなかった。求められたのは、より「論理的」なデザインだった。

デザイナーのバリー・チューシッド（Barry Chusid）はデザインプロセスについてこう語っている。「僕たちはかなり地に足の着いたグループだと思うんだ。常に重力の問題に縛られているんだからね。僕のアプローチはいつもこんな感じだったよ。人間は月を植民地化しようとしている。エイリアンの存在も確かで、宇宙船もある。これらを事実として日常生活の一部のように見せるには、リアルなデザインが必要だ」ってね。

チューシッドは続ける。「実際的なところから始めたんだ。これまで月のために作られたデザインを見たり、建築家が月でやろうとしているような未来のアイデアをいくつか見たりね。その後、実用性をかなり意識して作っていった。彼らは食べる必要があるし、エネルギーを作り出すためのソーラーパネルか何かが必要だろう？ それで考えたんだ。「OK、僕たちのシャトル基地、管制塔、寄宿舎に必要なすべてのものを取り囲む世界はどうやって作ろうか」って。もし本当にそんな世界を構築するとしたらどんな見た目になるだろう、というのを中心に考えただけなんだ」

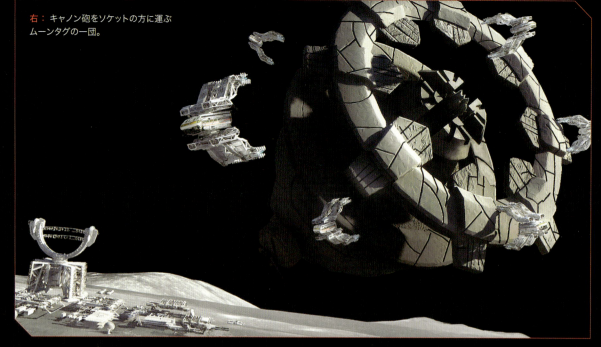

右：キャノン砲をソケットの方に運ぶムーンタグの一団。

下：大きく広がる基地を細部まで描いた美しいコンセプトアート。

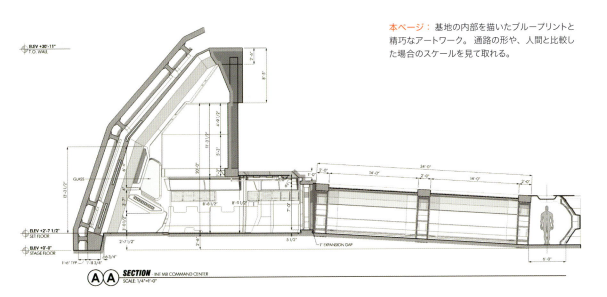
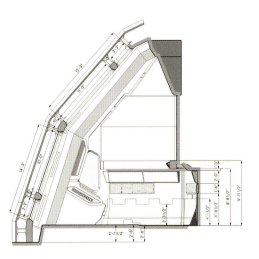

**本ページ**：基地の内部を描いたブループリントと精巧なアートワーク。通路の形や、人間と比較した場合のスケールを見て取れる。

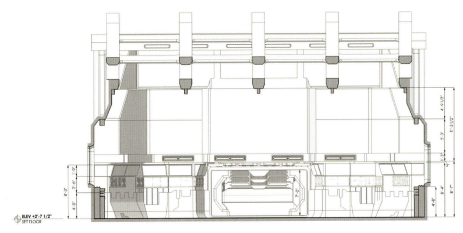
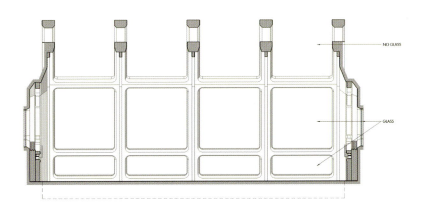

　劇中に作り出される世界は、実体が感じられなくてはならない。スケール、デザインプロセス、建設プロセスは莫大なものになるかもしれないが、視聴者が身近に感じられるような世界、重さや質感を感じられる世界を作ることが重要なのだ。プロデューサーのラリー・フランコ（Larry Franco）は、場所感やストーリー性を確立することに制作陣がどれほど打ち込んだか理解していた。基地の一部は中に入って撮影したり、俳優たちが動き回れるようになっていなくてはならなかったのだ。フランコは「実際に存在していなくてはならなかった。それはストーリーの一部なんだから。月面基地として、壮大で大きいものが必要だった。壁に段ボールを取り付けるだけじゃダメなんだ。実際に触って感じて中に入れるものでなくては」と語っている。

　前作「インデペンデンス・デイ」の視覚効果処理でアカデミー賞を受賞したフォルカー・エンゲルは、共同プロデューサーとして「リサージェンス」に参加している。彼は、効果処理がいかに重要かを身を持って知っているだけではない。「インデペンデンス・デイ」が迫力ある破壊シーンで記憶に残る映画になったように、映画に関するすべての決定は、ストーリーを伝えるかどうかの観点で下される必要があることも理解している。エンゲルは言う。「何かを真面目に作ると、そこから大きなものが得られるんだ。映画について何らかの決定をするにあたり、この作品は良い見本になると思うよ。たとえば自分に問いかけてみるんだ。「月には巨大な格納庫が必要だ。その一部分を作るのか？」ってね。長さ半マイルもあるような巨大な格納庫を建設できないのは確かだけど、格納庫の壁を丸ごと1つと、側壁の一部を2つ作るだけでもかなり違ってくるんだよ。だってローランドはすごく賢いから、カメラをどこに置けばそんなセットを効果的に撮影できるかちゃんと分かってるんだ」

**本ページ上段**：食堂のセットを写した写真。

**右ページ上段**：「セットはどれもストーリーをサポートするためにあるんだ。セットが視覚的にストーリーを語り、ローランドがそのストーリーを表現できれば僕たちは満足なんだ」（制作デザイナー、バリー・チューシッド）

**右ページ下段左**：「触れるものがあるのは素晴らしいことだ。リアルだったよ」（ラインプロデューサー、ラリー・フランコ）

**右ページ下段中央および右**：キャビンエリア。ジェイク・モリソンなど、スタッフの大半は長期滞在して任務にあたっているため、衛星中継を通じて愛する人たちとやり取りする。

**本ページ：** エネルギーをチャージし、発射の準備ができたキャノン砲。前作の主砲である「ハンマー」を彷彿とさせる。

本ページ： 発射準備の一連の流れ。

## 月面基地のキャノン砲

　エイリアンの進んだテクノロジーを利用すれば、地球から容易にアクセスできる月面基地。これは太陽系の異常な動きを監視する人々のための永久基地である。ジェイク・モリソンはここに駐在しており、巨大なキャノン砲を所定の場所に設置する任務に就いている。コンセプトアーティストのヨハネス・ミュッケ（Johannes Mücke）によれば、このキャノン砲は「直径がトランプタワー」ほどあるという。

　1作目と「リサージェンス」のもう1つの架け橋となっているのが、最初の侵略時のシティ・デストロイヤーの中央にあるキャノン砲である。同様の大砲が火星とレアに設置されている最中だ。SF風の感じを加えてサイズもアップした結果、今回の姿になった。車両デザイナーのマーク・ヤング（Mark Yang）はこのように説明する。「エイリアンのテクノロジーのおかげで、人間のテクノロジーが30年進んだと考えてみてほしい。放射能からの防御を心配する必要がないし、動力も再生成できるんだ。その多くはエイリアンのテクノロジーを活用したからなんだけど、人間とテクノロジーの結び付きは奴らととてもよく似ているのさ」

　月に巨大な武器を設置することはそれ自体が十分に大きなアイデアであるが、エメリッヒは大画面に映し出された大砲で大きいインパクトを観客に与えたいと考えた。「何かをデザインするたびに、ローランドは『もっと大きく、もっと大きく、ずっとずっと大きく！』って言ってたよ」とマーク・ヤングは振り返る。

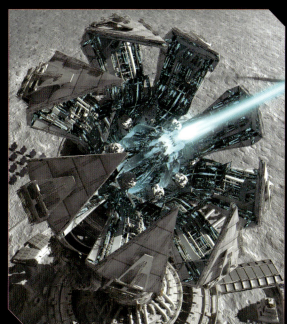

# 地球のテクノロジー
## ムーンタグ － 初期コンセプト

キャノン砲をはじめとする月面基地に必要な巨大な装備を牽引するのに、ジェイク・モリソンはムーンタグを使う。これは地面でも空中でも兼用できる乗り物型のマシンだ。制作中は「スペースフォークリフト」と呼ばれていたこのマシンは、専用の目的で作られた実用的なキットだ。これは、エイリアンの再来時のジェイクと彼の友人のストーリーに欠かせないものとなる。そうした目玉的存在であったため、エメリッヒやアーティスト、製作チームは、その見た目と動きをふさわしいものにするのに多大な時間を費やした。

制作デザイナー、バリー・チューシッドは説明する。「形態は機能に従うんだ。このマシンの役割はごく限られているからね。「そう、当然こんな見た目になるよね」っていう非常に自然な感じにしたかった。月でキャノン砲を運ばなきゃいけないとしたら、こんな乗り物が使われるのだろうと思うよ」

上：初期のコンセプトアート。飛行機の姿をした武装マシンのような外観をしている。

右：マシンガンが取り付けられ、昆虫のようなデザインのコンセプトアート。

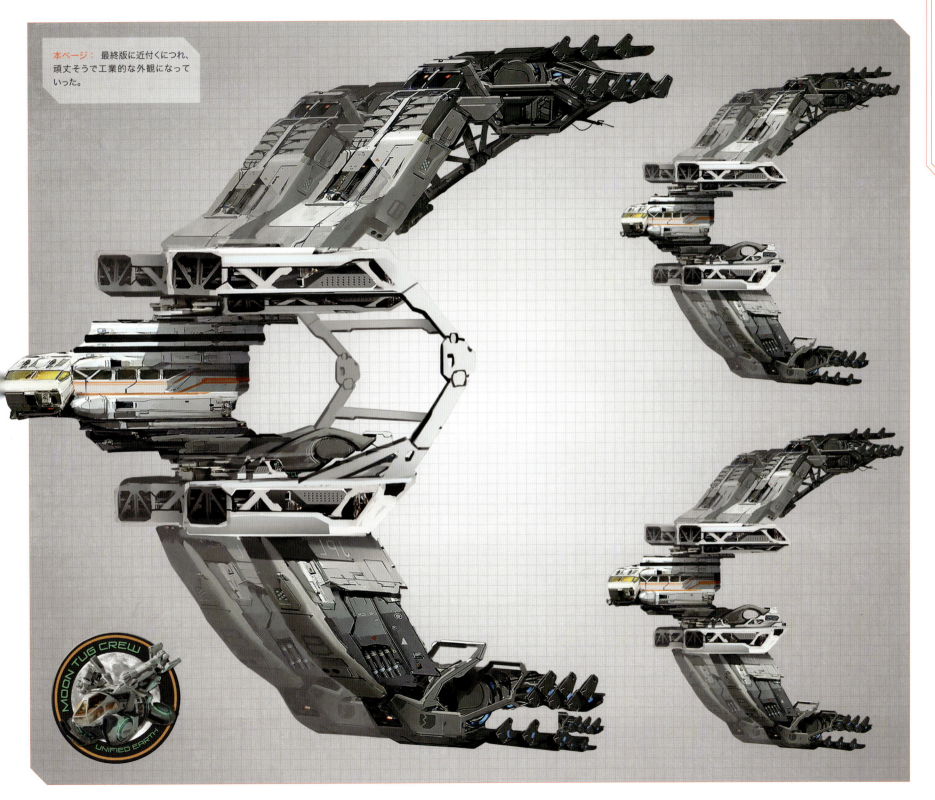

本ページ：最終版に近付くにつれ、頑丈そうで工業的な外観になっていった。

## ムーンタグ − 最終デザイン

　ムーンタグに実用性を持たせることは、人間的な要素を損なわないために非常に重要である。テクノロジーが現実からかけ離れてしまうと、エイリアンの世界と区別できなくなってしまうのだ。ムーンタグは各部分ごとに話し合われ、デザインされた。

　スペースフォークリフトの仕組みについて、ヨハネス・ミュッケは次のように説明している。「先端には2つの大きくて長いクランプ機構（アーム）があって、油圧ピストンを備えている。大型トラックの荷台というよりは、巨大な油圧ピストンシステムと言ったほうがしっくりくるかもしれないね。そして重要なのは中央のリングだ。こんな船はこれまでになかった。アームは何でもつかめるようにしたかったから、ムーンタグの周囲でアームを自由に回転できるように、リングを中央に置こうってことになったんだ。デザインの面でも重要な、非常に強力な要素になったよ。このリングがあったからこそ、このデザインが採用されたんだと僕は思うよ。ローランドが納得するような機能を挙げて説明すれば、彼が賛成してくれることも再証明できたしね。想像上の機能でも問題ないんだ。でも、「なんとなくかっこいい」では価値がないのさ。それでは彼に売り込むことはできないだろうね」

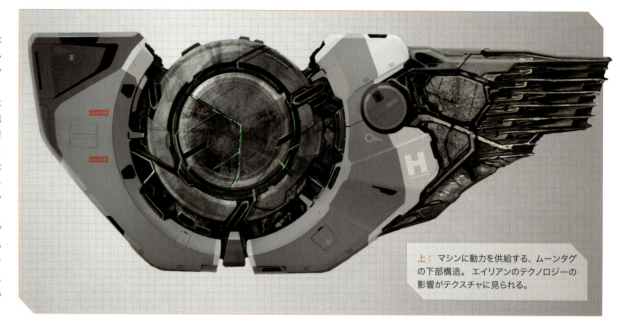

上：マシンに動力を供給する、ムーンタグの下部構造。エイリアンのテクノロジーの影響がテクスチャに見られる。

左：別アングルからみたところ。当初考えられていた防衛軍の名称の頭文字が書かれている。国ごとに分裂することなく、地球全体が結束していることを示すため、国旗などの国章は控えめになっている。

**上段:** 人間と比較した場合のサイズが分かるムーンタグの3Dモデル。

**下:** ほぼ最終のデザイン。明るいオレンジという工業的な色で仕上げられている。

**本ページ上:** 俳優が実際に操作できるセットのコックピット。ビル・プルマンはこう振り返る。「いろいろなボタンが実にきれいに並んでいたよ。僕が触ったボタンはすべて機能していて、本当に光ったんだ。変わった経験をさせてもらったよ」

**右ページ上:**「形態は機能に従う。まさにぴったりのデザインになった。このマシンの役割はごく限られているからね。月でキャノン砲を運ぶのにもってこいの乗り物だよ」（バリー・チューシッド）

**見開き下段:**「何でも掴むことのできる油圧ピストン式のアーム。アームを自由に回転するためのリング。ローランドが納得するような機能を挙げてきちんと説明すれば、彼は賛成してくれるんだ」（コンセプトアーティスト　ヨハネス・ミュッケ）

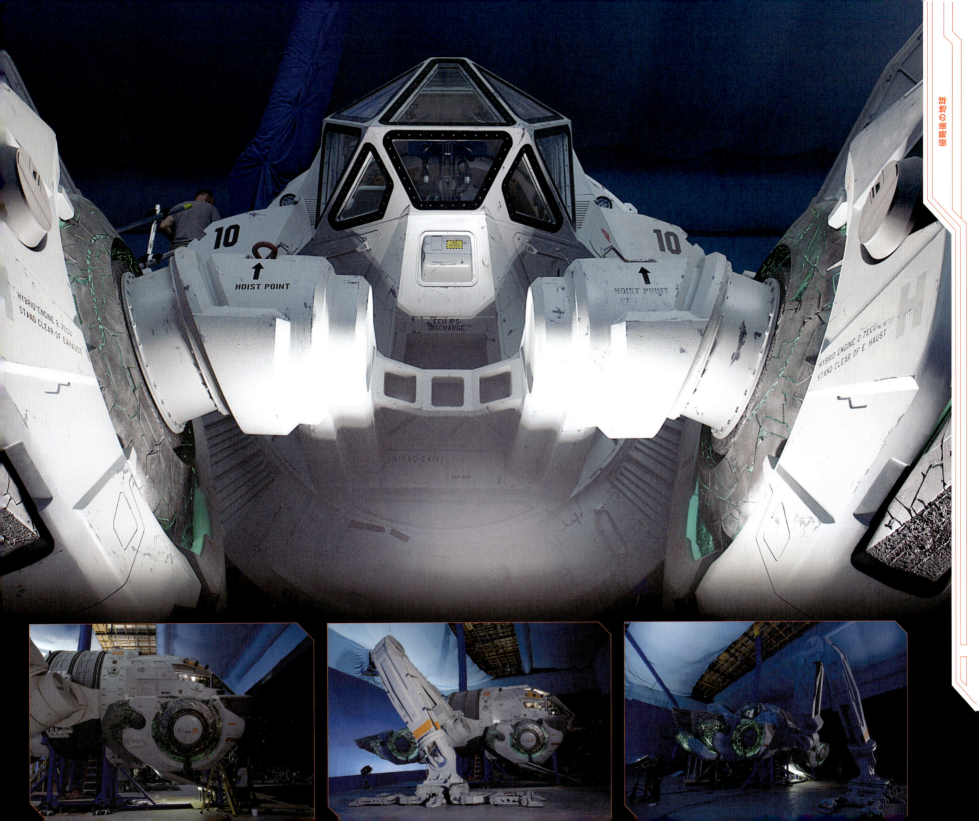

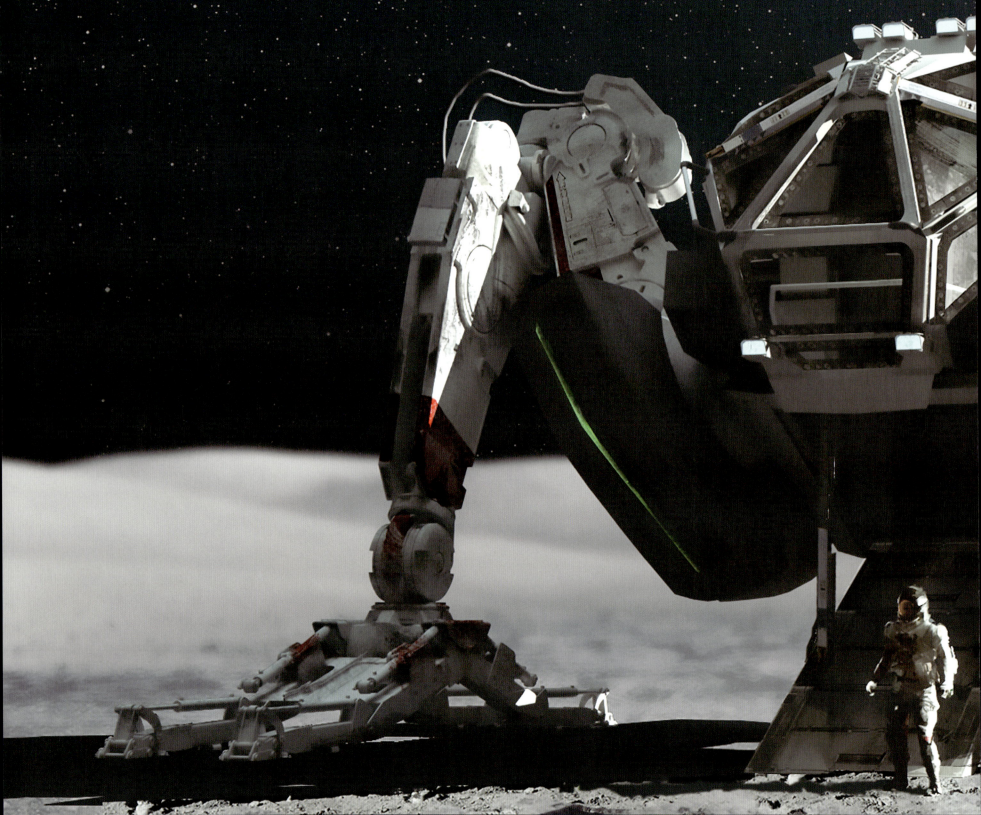

見開き：月の裏側（ダークサイド）でムーンタグから降り立つキャラクターのコンセプトアート。

## 宇宙船

　この映画の2016年は認識が可能な世界である。エイリアンのテクノロジーを利用することで大きな進化がもたらされたが、乗り物や兵器はわずかに機能向上しているだけで、明らかに人間のものだ。F-18ジェットをはじめとするこれらの乗り物は、前作の美的側面と「リサージェンス」をつなぐ役割を果たしている。

　空想的になりすぎない乗り物を作るため、デザイナーたちは既存の航空機を参考にした。ディレクターやアート部門のリーダーと密に連携して取り組んだ車両デザイナー、マーク・ヤングはこう語る。「僕たちがデザインするたび、ローランドは基本的にこう聞くんだ。「これはどこがリアルなの?」って。こういう乗り物で彼が重視するのは、いかにリアルであるかなんだ。見る人に身近に感じてもらいたいし、最新であるとも感じてほしいから、僕たちはデザイナーにそういうデザインをお願いしてきた。だけど同時に忘れてはいけないんだ。それは人が持つことのできる何か、はっきり理解できる何かでなきゃいけないってことをね。単なる空飛ぶ球体やレーザーキャノン砲ではダメなんだ。これらの特徴をバランスよく備えたデザインを考え出すのは、本当に難しいことなんだ。科学を純粋に尊重するローランドのような人と仕事ができてよかったと思ってるんだ」

右上: 現代的な航空機をベースとしたアートワーク。劇中のNASAのロゴマークも付いている。

下: 反重力のテクノロジーが使われる様子を描いたアートワーク。かすかに吹き込む青い光から、エイリアンによって人間のテクノロジーが進化したことが分かる。

アート&メイキング・オブ・インデペンデンス・デイ：リサージェンス

右：飛行中のジェット機。
ムーンタグと同じ動力システムを有している。

右：着陸しようとしている飛行機の
リアルなコンセプトアート。

右：米軍の車両からヒントを得た
ヘリコプター。主に軍隊の輸送に
使用される。

## ハイブリッド

　軌道上、そして月面上の防衛装置に加えて、人類はエイリアンと人間のテクノロジーを融合し、ハイブリッドのジェット戦闘機を作り出していた。映画の中で、これらは数年かけて完成され、かなりの試行錯誤によって戦闘機を動かす膨大なエネルギーの制御方法が発見された。エイリアンがテクノロジーを育てたのに対し、ESDはこれを再現し、適合させるのに全力を尽さなければならないのだ。コンセプトを作成する車両デザイナーにとって、優先するのは見た目より、どう機能するかであった。

　マーク・ヤングは語る。「エイリアンのエンジンは、我々が認識できるものよりかなり進んでいるかもしれない。1作目を見ると、敵の戦闘機はまっすぐに上昇、あるいは下降することができている。これは現時点の人類の技術では不可能なこと、つまり"反重力"が用いられている。僕たちはエイリアンのテクノロジーを育てることはできないが、それを利用することはできる。だから、人間としての関わり方は、主にテクノロジーを抑制し、制御することなんだよ。実際、このハイブリッド戦闘機でも、その機能を制御することに多くの時間を費やしている。それに搭載されている武器のあらゆる面に対して多量の熱が生成されるから、宇宙船のデザインの多くは、船体の冷却や操縦の継続性にかなったものになっている。エイリアンの戦闘機と比べると洗練はされていないけど、人間が自分たちのやり方で操縦できるようになっているし、人類がこれまで手にしたことのないテクノロジーが実現されているんだ」

右：再建された新しい北アメリカの都市を通過する
ハイブリッドヘリコプターを描いたシーン。

本ページ:「奴らはシールドを備え、キャノン砲を持っている。人間のそれまでの能力をはるかに超える、膨大な量のエネルギーと推進力を生成できるんだ。そして強い重力からパイロットを保護するシールドもね。だからこのハイブリッド戦闘機は、これまでの飛行機ではありえなかった方法で飛ぶんだよ」(車両コンセプトデザイナー、マーク・ヤング)

アート&メイキング・オブ・インデペンデンス・デイ：リサージェンス

## エリア51

　かつては秘密にされていたエリア51は、今では人類の防衛とこの世のものとは思えない宿敵の研究のための中枢となっている。ハイブリッド戦闘機の格納庫であり、すべての装備の試験エリアでもあるエリア51は、攻撃を受けた際には再び生存者のための避難場所となる。

　「インデペンデンス・デイ」は、ミニチュアを使った特殊効果と最新鋭のテクノロジーの要素によって驚くべき壮大な作品となったが、「リサージェンス」も同じように、CGを使ってセットやシーケンスに命を吹き込んでいる。撮影は主に、48,000平方フィートの撮影スペースなど、北アメリカで最大級の面積を誇るニューメキシコ州のABQ Studiosで行われた。これに加えて製造チームは、エリア51の正面の外観を、やはりニューメキシコ州にある閉鎖されたソーラーパネル製造工場で再現することができた。

　制作デザイナーのバリー・チューシッドは、2016年のエリア51について次のように説明している。「基本的に（人類は）あらゆる資源を貯めていて、次の攻撃があったときにはエイリアンと戦うつもりなんだ。互いに戦うことも、誰がどの国に移住するかを管理することもなく、人類は今、基本的には互いに受け入れ合おうとしており、団結しようとしている。そのための拠点の1つがエリア51なんだ。エリア51は、基本的には再設計され、再考されている。改良され、規模も大きくなった。それにハイブリッドテクノロジーが導入されているから、奴らが再来したら、人類が自分たちを守るための場所に変わるんだよ」

**見開き上段：** 前作から20年が経過しているため、舞台や場所をもう一度観客に紹介し、どう新しくなったかを見せることが重要であった。エリア51は大きく拡張され、キャノン砲やハイブリッド戦闘機を保管したり整備するための巨大な格納庫がある。

**見開き：** 数字を見る限りでは高度なテクノロジーとパワーで、ESDはエイリアンの侵略の可能性に備えている。

アート＆メイキング・オブ・インデペンデンス・デイ：リサージェンス

侵略後の地球

上：エリア51も、大半のシーンと同じようにニューメキシコ州で撮影された。「僕たちは当初、音を気にしなくて済むように本物のエリア51に行ったんだ。エリア51は、撮影に最適なロケーションに思えたよ。でも監督はローランド・エメリッヒだから、最終的にはスタジオで撮ることになったんだ。良い言葉が見つからないけど、とにかく彼は"コントロールフリーク"なんだ。太陽の下で1日だって撮影する必要がなければ、彼はすごく幸せなんだ。コントロールできるからね。今じゃ、1日中魔法をかけてるよ」（ラインプロデューサー、カーステン・ロレンツ）

エリア51には、前作よりも多くの武器や兵器が備わっている。マーク・ヤングは語る。「たとえば三脚の台座に設置された大砲なんかが、エリア51や他のさまざまな基地の防衛に使われている。基本的に高さは30フィートはあってね。大きいうえに、高射砲のように使えて、エイリアンと人間の両方のテクノロジーに基づいているんだ。その見た目は、人間が手に入れたエイリアンのテクノロジーを利用して作った拳銃にそっくりなんだよ」

見開き下段（左から右へ）：保管室の中で自由に動く、相変わらず気味の悪いエイリアン／ハイブリッド戦闘機のお披露目／我先にとジェットを試すパイロットたち。

上：エリア51と広がる砂漠の上空イメージ。フォルカー・エンゲルは言う。「バンカーを検討していたんだ。もしエイリアンが来たら、人間は自分たちを守らなくてはならないからね。モデルスーパーバイザーに来てもらって言ったんだ。「第二次世界大戦の頃にあったようなバンカーのイメージをベースに考えてみてよ」ってね。そしたら彼はエリア51の全体的なデザインを考えたうえで、このバンカーのデザインを建物の外に置いたんだ」

## エイリアンの監獄

　映画制作に限った話ではなく、このような作品のキャラクターたちにとっても「コントロール」は重要だ。人は理解できないものを怖がり、コントロールしたがるものだから。エイリアンをより理解するため、人類は思い切った手段を選んだ。

　チューシッドは語る。「前作でエリア51にいたエイリアンも収容しているんだ。エイリアンたちを入れておけるよう、エリア51に地下を作ったのさ。頭部をワイヤーでつないで巨大な試験管の中の液体に浮かせるのも素晴らしいアイデアだけど、これは前に見てしまっているからね。そうではなく、恐怖の要素を取り入れようと考えたんだ。人間は今でもエイリアンたちを恐れているが、一方で奴らを倒しているし、奴らを研究したいと思っている。奴らを人間として扱いたくないから、独房の中に入れたんだ。僕たちは奴らに触れたり、奴らとやり取りしたいわけではない。だからメカニカルな仕組みを作ったんだよ。独房はマッチ箱のようにつかんで移動させることもできる。観察エリアに持ってきて、制御された条件下で観察したら、またエイリアンをマッチ箱に入れて、もといた監獄に戻すんだ。牢獄や研究所というよりも、工場みたいな感じだね」

左ページ上：エリア51で研究者たちは生きたエイリアンの標本を研究している。

本ページ上：バイオメカニカルスーツを脱がされたエイリアン。観察の準備ができた状態。

見開き下段（左から右へ）：「すべてのセットと顔は、LEDで完全に照らされており、照明の質と色は詳細にコントロールできる」（撮影監督、マークス・フェルデラー（Markus Förderer））／エイリアンとは安全な距離を保ち、クレーンが捕虜を引き抜く／監獄の全容。何百体ものエイリアンが捕えられ、そして脱出のチャンスを待っている。

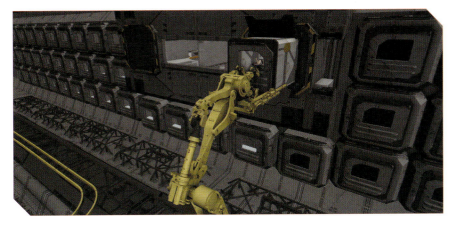

## アフリカ地上戦

　2016年のデイヴィッド・レヴィンソンは、無傷のエイリアン戦闘機に関する報告を調査するため、アフリカのサバンナへの旅をしている途中である。ここはエイリアンが実際に着陸した唯一の場所であり（ある理由で最初は知られていなかった）、アフリカの反逆兵士たちが地上戦を繰り広げた場所だ。レヴィンソンは、常に苦痛の種であるニコラス・ライト（Nicolas Wright）演じる会計士のフロイド・ローゼンバーグ（Floyd Rosenberg）とともに到着すると、精神科医キャサリン・マルソー（シャルロット・ゲンズブール）を見つける。デイヴィッドはかつて、彼女とロマンチックな関係にあった。彼らはともにアフリカの反勢力のリーダー、デオビア・オパレイ（Deobia Oparei）演じるディケンベ（Dikembe）に会う。ディケンベは、憂慮すべき未来を見通しているだけでなく、放置された宇宙船がよみがえり始めていると告げるのだった。

アート&メイキング・オブ・インデペンデンス・デイ：リサージェンス

**見開き**：アフリカに到着したレヴィンソン、キャサリン、フロイド。

**見開き上段（左から右へ）**：反乱軍の基地に到着する様子を描いたストーリーボード。棒に刺さったエイリアンの頭は、反乱軍が長い戦いの末に勝利したことを誇る戦利品となっている／護衛者を従えるディケンベ／敷地および拠点にいるディケンベのセット写真。

見開き：20年間アフリカにたたずむシティ・デストロイヤー。

　コンセプトアーティストのヨハネス・ミュッケが説明する。「20年間アフリカにあったシティ・デストロイヤーは、乾ききった砂漠にある教会のようで、そこには砂があり、小鳥が巣を作り始めているんだ。きっとトカゲが1、2匹巣の方に上っただろうね」

　宇宙船はまるで開放花のように開き、花びらのような脚の上に乗っているんだ。今まで以上にこの古い宇宙船のことが明らかにされ、これから起きることが示唆されている。ミュッケは続ける。「この「脚」は宇宙船が墜落する以前から備わっていたものだが、今まで使用されたことがないという考え方を取り入れたんだ。だからこのアフリカにそびえる古いシティ・デストロイヤーに脚を加えたんだ。ローランドは、これはすごく重要なことだって言っていたよ。脚で立っているこの円盤は、まさにこれから地球に起こることの前兆になる。誰もがこれを理解しなくてはならないんだ」

**本ページ**：アフリカの生存者たちは倒したエイリアンのトーテム像を作り、彼らのブラスター銃を取り入れた。

**右ページ**：アフリカの撮影もニューメキシコ州で行われた。

見開き：「花」を連想させるこの古い宇宙船は、これから起こることを予兆しているかのように思わせる。

アート&メイキング・オブ・インデペンデンス・デイ：リサージェンス

## AI船

侵略後の地球

　この物語を動かす最初の重要なきっかけは、月の近くでのブラックホールの形成だ。このブラックホールを通じて、脚本では「洗練された涙滴型」と説明された宇宙船が現れるのだ。一見武装していないように見えるが、この宇宙船が最初の襲来の記念日直前の2016年7月3日に到着すると、パニックと混乱が巻き起こる。レヴィンソンは攻撃的な出迎えは避けるように忠告し、イギリスおよび中国のリーダーたちもこれに同意したにもかかわらず、ランフォード大統領は攻撃を仕掛けてしまう。月のキャノン砲がこの来訪者を射撃する。レヴィンソンが中を調査して見つけたものは、たった1人の乗客だった。それは一種のAIで、警告を抱えていた。

　謎めいて美しい新たな宇宙船、そしてホイットモア、ディケンベ、オークンが見ているビジョンにつながる宇宙船の作成は、アート部門にとって最も難しい仕事の1つとなった。ヨハネス・ミュッケは語る。「一番の難問だったよ。AIを搭載し、水平スロットと円形の形状を持った球体。あまりにシンプルだから考えすぎてしまうけど、僕はありのまま作ればいいと思ったんだ。これはローランドのやり方なんだよ。彼が成功した理由でもあるんだけど、彼は無意味さを取り払って中核を取り出し、観客がイメージできるよう、その偽りのない中核を見せるんだ」

右上：太陽系の中を力強く進む宇宙船のコンセプトアート。
下：デイヴィッド・レヴィンソンは、月の裏側（ダークサイド）に墜落した宇宙船を調査しに行く。

アート&メイキング・オブ・インデペンデンス・デイ：リサージェンス

**本ページ：** シャルロット・ゲンズブール演じるキャサリンが気付いて説明した通り、外側の美しい光で意思疎通が行われている。

## AI球

　レヴィンソンとジェイクが墜落した宇宙船を調べていると、開いて球体が出てくる。これには驚くべきエイリアンの人工知能が格納されていた。さらなる研究のため、この球はエリア51に運ばれる。

　共同脚本のローランド・エメリッヒとディーン・デヴリンは、自分たちが創造した世界をさらに奥へと踏み込み、拡張し、細部を作り込むというクリエイティブな試みを「リサージェンス」で行った。具体的には、エイリアンの詳細と謎を明らかにしたのだ。

　「前作ではあえて描かなかった背景があるんだ。1作目でやろうとしていたのはエイリアン侵略映画じゃなくて、パニック映画みたいなものだったからね。アーウィン・アレン (Irwin Allen) の映画以来、そんな作風が一般的になっていたから、ある意味、エイリアンに関する情報は少なければ少ないほどよかったんだ。あの映画で本当に言いたかったことは、奴らが「イナゴ」のようだってことだ。やって来て、食べて、去っていく。それで映画は非常にシンプルに保たれ、成功したのさ。だけどもちろん、ストーリーは背景も踏まえて作り上げるものだから、ローランドと僕は、奴らがどこから来たか、どうしてそうなったのかについて、もっとたくさん情報を持っていたんだよ。この情報は僕たちの中に留めておこうって、当時はずっと考えていたけどね。でも続編ができることになって、僕たちはエイリアンの背景を明らかにする機会を得たんだよ」

上段：AIがホログラムを表示して人間に情報を伝える様子を描いた最初のコンセプト。

下段：AI球のデザイン案。レトロすぎるという理由で却下された。デザインし直され、球はVFXで表現された。

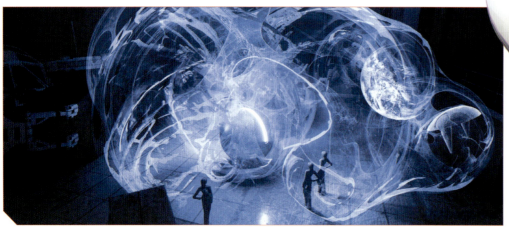

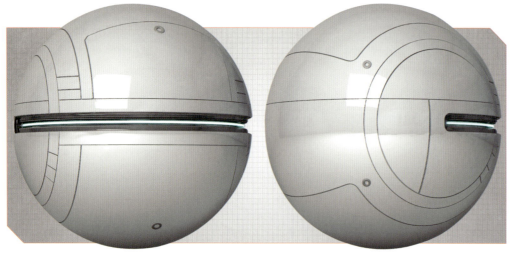

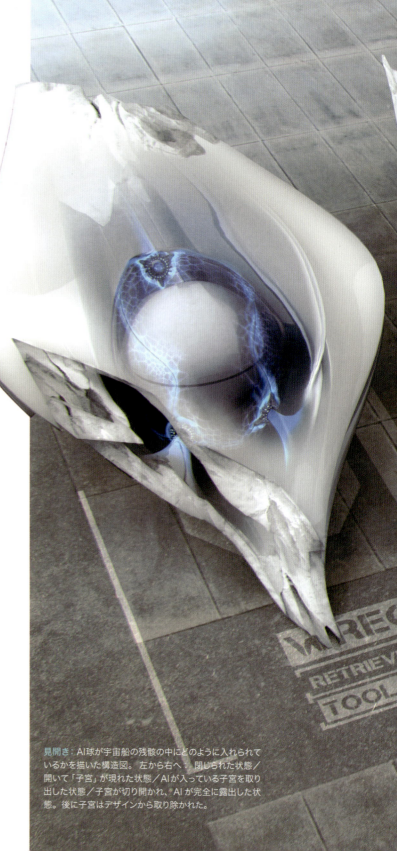

見開き：AI球が宇宙船の残骸の中にどのように入れられているかを描いた構造図。左から右へ：閉じられた状態／開いて「子宮」が現れた状態／AIが入っている子宮を取り出した状態／子宮が切り開かれ、AIが完全に露出した状態。後に子宮はデザインから取り除かれた。

# THE RETURN
## JULY 2ND 2016

再来：2016年7月2日

左：入植者の初期スケッチ。トレードマークの触手があるバージョンとないバージョン。

## 新たなエイリアン

　エイリアンの再来にあたって、制作陣は選択を迫られた。1作目のデザインをどの程度踏襲し、クリーチャーをどの程度新たに考え直すのか。課題は、見覚えのある「インデペンデンス・デイ」のルックを維持しつつ、物語に新たな展開をもたらすことだった。前作でエイリアンのデザインを担当したパトリック・タトポロスが2カ月かけてアイデアを練り、その後、作業の大部分はクリーチャーデザインを専門とするAaron Sims Companyの創設者、アーロン・シムズ（Aaron Sims）に引き継がれた。

　シムズは次のように説明する。「主なエイリアン、つまり入植者は、1作目の映画に出てきた連中だ。まずはそのリデザインから始めた。1990年代にデザインしたものだから、さらに踏み込んだ興味深いものにするためにね。このキャラクターだけをとってみても進化があったので、デザインを変更すべきかどうか考えたんだ。でも結局はオリジナルからほとんど変えていない。ほんの少し手直しして、背を高くした程度だよ」

　「（今作の）入植者は歩くので、足と脚を少し変更して歩行可能にしたんだ。1作目から進化したのはその点だろうね。当時の技術では、機械的に動かす方法がなかったんだ。それに、四六時中見えているのではなく、謎に包まれた部分が多い方が不気味だったというのもある。本作ではエイリアンの姿がよく見えるから、弱々しい見た目ではなく、自分より背の高い存在が威嚇するように目の前に立ちはだかる感じを出したかった。ただうごめき回るのではなくね。もっと不穏な存在、ある意味人間のようだと思える存在にする必要があったんだ」

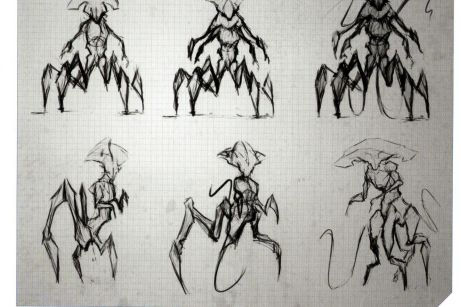

本ページ右下：「胴体を残し、外骨格を付けてみた。世界を作り上げることで、理論が働くんだ。1作目の特徴を残してある。その基盤は種の起源に根ざしたものだからね」パトリック・タトポロス
右ページ下段：もっと筋肉質にした敵のコンセプトデザイン。

右：「スーツを身に付けた入植者は身長9フィートで、中のクリーチャーの身長はたった4フィートだった」アーロン・シムズ

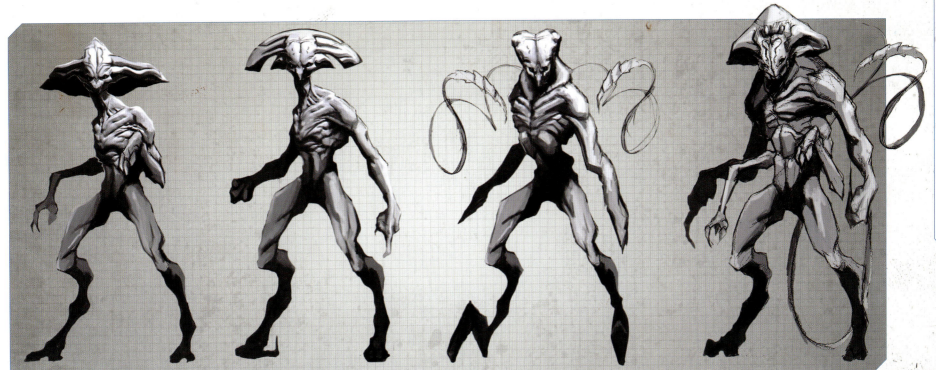

シムズは次のように振り返る。「1作目のエイリアンを進化させ、手直しするところから始めたんだけど、戻ってきたローランドが『その必要はあるかな？理にかなった修正だけをしようじゃないか』と言ったんだ。タトポロスが生み出した1作目のエイリアンは、本人曰く歩き回ることを想定していなかったので、歩行する基盤があるように感じられず、細長い感じだった。だからもう少し太くして、体のバランスを良くしたんだ。中心部は1作目のデザインをほぼ踏襲したものになっている」

これらのコンセプト画像が示すように、はっきりとした特徴のある種族で、1996年に現れたのはその1つにすぎない。今回はもっと奇妙で恐ろしい変種がやってくる。

左：昆虫や海洋生物を思わせるエイリアンの白黒画。

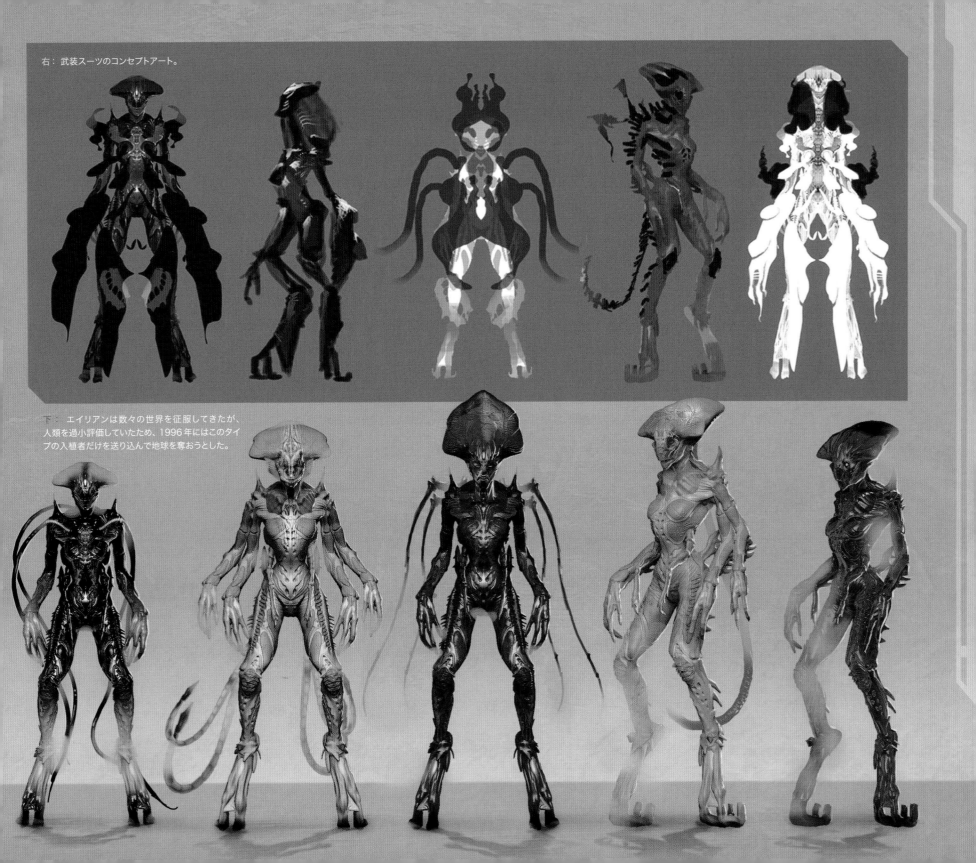

右：武装スーツのコンセプトアート。

下：エイリアンは数々の世界を征服してきたが、人類を過小評価していたため、1996年にはこのタイプの入植者だけを送り込んで地球を奪おうとした。

「クリーチャーでいろいろなことを試してみたかったんだ」とエメリッヒは言う。

1作目に登場するエイリアンは種族の中で最も小型の連中だ。「リサージェンス」では、人類はブラスター銃で武装した戦闘員のエイリアンと対峙することになる。彼らは宇宙船から降り、地上戦を繰り広げる。今回は空と地上から攻撃されるのだ。

アーロン・シムズはこう続ける。「兵士のデザインはさまざまなものを考えた。がっしりとした巨体のものもあれば、長身で手足のひょろ長いものもあったけど、脅威的であることに変わりはない。遠くからは細長く見える腕でも、近づいてみればその腕も足も人間よりはるかに大きくて、しっかりとした重量感があるんだ。胴体はどちらかと言うと細長く、後ろに反り返っていて、触手がさらにボリュームを与えている。銃を構えた兵士のように歩き回り、人が脅威と見なすものを思い起こさせるデザインにしたいと考えたんだ。兵士の身長は12フィート。巨体でありながら、室内にも入れるサイズになるよう考えた。あまり大きすぎるとシーン内に収まらなくなるからね」

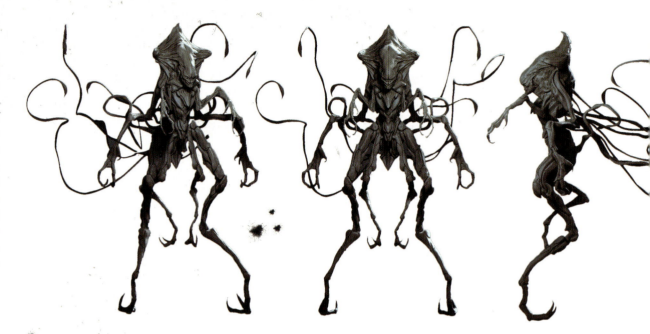

右上：クリーチャーと触手の動きをさまざまな角度から見たコンセプトアート。

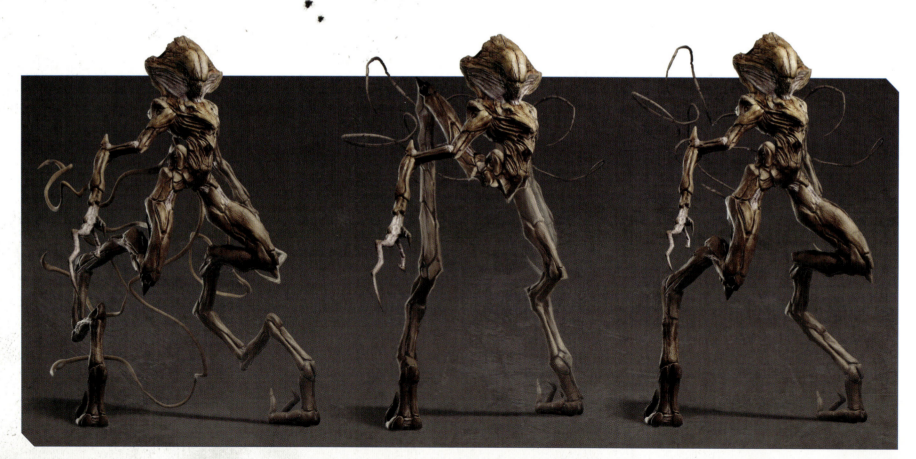

本ページおよび左ページ下段:「歩行サイクルをアニメートして、本当にこのクリーチャーが歩けるのか試してみた。鳥のような印象を与えないよう、脚を後ろやさまざまな方向に向けたからね。何か異質なものを試したかった。ペンと紙のスケッチを超えて、実際に3Dで作成し、かなり概念的なデザインに現実感を与えたかったんだ。これは功を奏して、特に既成概念の枠を超えたいと考えている監督にとってはもってこいのやり方だった」アーロン・シムズ

# エイリアンの新たなテクノロジー
## 初期のコンセプトデザイン

　エイリアンのハードウェア（機械設備）の外観、アフリカに着陸した理由、そして彼らが戻ってきた理由には重大な事実が隠されている。それは、彼らがテクノロジーを成長させているということだ。彼らは目的に合うようテクノロジーを形成し、融合させている。そのため、デザイナーたちはかなり自由に、コアアイデア（核となる概念）に変更やパターンの微妙な変化を盛り込むことができた。

　ヨハネス・ミュッケは次のように説明する。「すべてが成長しているんだ。その過程にはたくさんの異質な知性やAIが関わっていて、かなり機械的な見た目であることが多い。でも、僕たちはエイリアンのテクノロジーが成長している感じをしっかりと伝えるために、かなり有機的な外観にしたいと思っていた。コックピットにはもっと機械類があって、さながら花でも咲いているかのようだ。床から出ている座席は従来型の操縦席ではなく、床が変形したかのようで、成長した木の幹のように見えるんだ」。この見開きページのデザインは、プリプロダクションのかなり早い段階で考案されたもので、まだストーリー展開を詰めている最中だった。数十人のアーティストがエイリアンの次世代の乗り物を形にしようと、実にさまざまな方向性を試していることが分かる。

　1作目に登場したシティ・デストロイヤーと同様、これらの宇宙船のファサードは頑丈かつ不気味で威圧的な美学に即しているが、いくつかのバリエーションには昆虫の世界を思わせるシャープなラインと角度という、根本的に異なる美学が見て取れる。

　視覚効果スーパーバイザーのフォルカー・エンゲルは、今回のエイリアン艦隊についてこう説明する。「（前回の経験から）エイリアンたちは学んだんだ。十分に用心して、彼らの最大かつ最強の軍隊、言うなれば、新世代の戦士を送り込まなくてはならない」とね。第2ラウンドでは万全を期すことにしたのだ。

右：かなり初期の白黒のアイデア。公開された映画では使用されなかった。

下段：1作目では、レヴィンソンとヒラーがマザーシップから脱出するときに、エイリアンの軍隊輸送船がスクリーンにほんの一瞬映る。「リサージェンス」では、フォルカー・エンゲルがそのアイデアを復活させ、オリヴァー・スコールが作成した1作目のモデルも参考にしながらデザインを行った。エメリッヒのガイドラインに沿って輸送船のデザインに取り組んだヨハネス・ミュッケはこう話す。「ローランドから軍隊輸送船のリデザインを依頼されたとき、「ID4」のオリジナルにできるだけ近づけるよう言われた。だから僕たちは、船に背筋を加え、安定板と底面のデザインをやり直し、ミサイル発射装置をいくつか追加するだけにしたんだ」

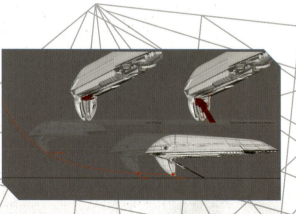

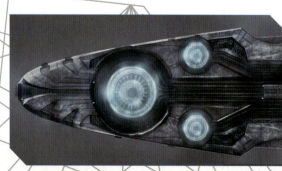

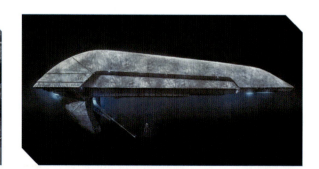

上: アーティスト、アーロン・シムズによる、使用されなかった初期のコンセプトスケッチ。

## アタッカー

ESDは20年を費やして地球の武器をアップグレードし、かつてない最高の軍備を整えたが、エイリアンの再来でたちまち見劣りしてしまうことになる。準備に余念がなかったのはエイリアンも同じだったのだ。

1作目の空を埋め尽くすアタッカー（小型宇宙船戦闘機）は、SF大作映画ではそれまで目にしたことのないアイデアだった。アップデートされたアタッカーでは、ストーリーや外観が、なぜ、どのような道のりをたどってきたのかを見せる必要があった。

ミュッケはその取り組みを次のように説明する。「大きな課題は、1作目に対する称賛と敬意の念の中で道を見失うことなく、新たな場所へと歩みを進めることだった。それと同時に、1作目に見られた表現や魅力を維持するよう全力を注いだ」

「パイロットは前後に並んで座り、低い位置にいるのが射撃手で、高い位置にいるのが操縦士。射撃手の横には2つの大型砲がある。コックピットの小さい窓から見える、その可動式の大型砲をコントロールしているんだ。そして、飛行していると、肩越しにあと2つの大型砲があることが分かる。両翼から出てくる最高に格好いいそれを見て、射撃手はこう思うわけだ。「よし、これもぶっ放すぞ」ってね。とても面白いことになりそうだよ。すごく新鮮なアイデアだと思う。ローランドに売り込んだら彼も気に入ってくれて、この線で行くことに決まったんだ」

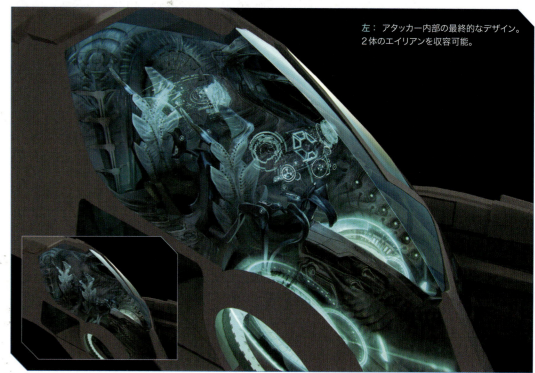

左：アタッカー内部の最終的なデザイン。2体のエイリアンを収容可能。

下：操縦桿のさまざまなデザイン。射撃手はこれを使って通常の武器や両翼の大型砲を発射する。セットには実物大のコックピットと操縦桿が用意された。

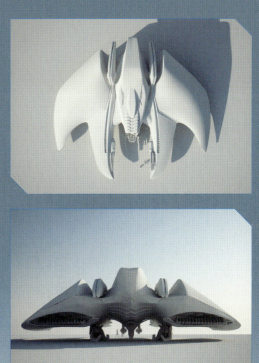
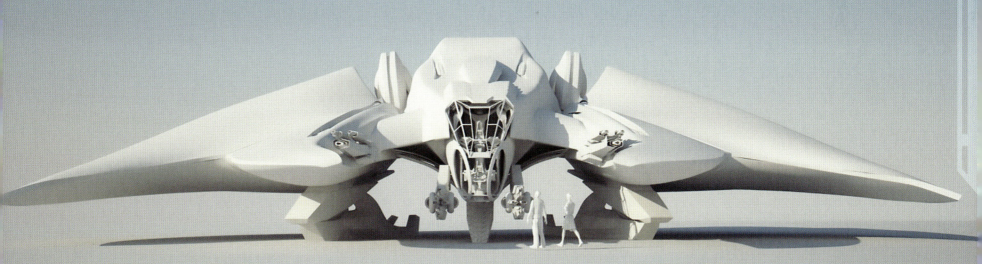

**本ページ：** アタッカーの3Dモデル各種。コックピットの初期バージョンのデザインと、セットのプロップに使用された最終的なデザイン。

上:「あらゆる面で1作目の成果を尊重する一方で、さらに格好良くして、異質なテクノロジーをもう少し盛り込みたいと思った。非常になじみ深いデザインであると同時に、手に入れたいと思わせなくてはならないんだ」バリー・チューシッド

上：「今作には、ローランドが20年前の1作目でできなかったことが盛り込まれている。だから、こうしたイメージを考えて、それが実現できると分かっているのは、彼にとってすごく楽しみなことなんだ。「これができる、こんなものも見せられる」ってね」フォルカー・エンゲル

上：稼働中の乗り物の最終的なデザイン。内部の青緑のライティンダは、前作のクライマックスでのマザーシップ内部を思い起こさせる。

見開き：ヨハネス・ミュッケによる、エイリアン艦隊に追加された強力なガンシップの初期コンセプト。映画では使われなかった。

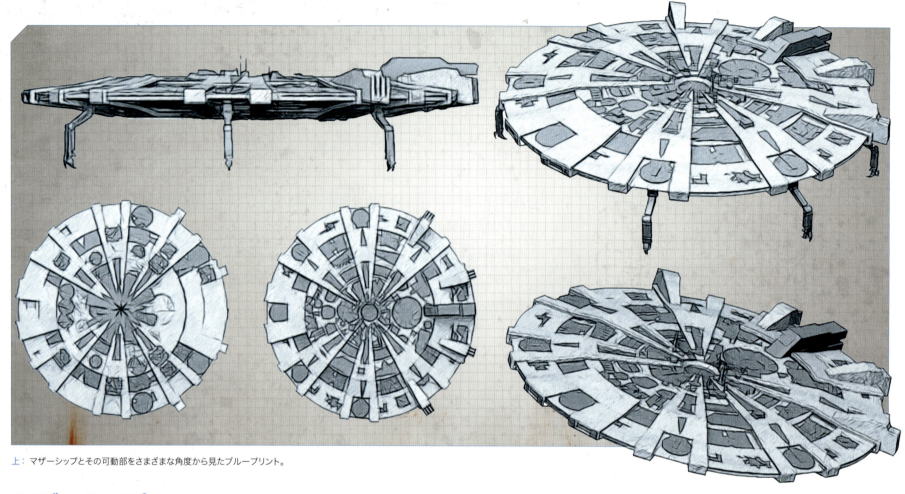

上：マザーシップとその可動部をさまざまな角度から見たブループリント。

## マザーシップ

　マザーシップの到来は映画の重要なシーンだ。撃ち落とされたAI機からの警告を受け、レヴィンソン、ジェイク、その仲間たちはムーンタグに避難する。そして巨大なマザーシップは月面のキャノン砲を破壊し、ESDの基地は吸い上げられた月の破片に押し潰されて壊滅する。

　「艦」という呼び名は不適切で、「惑星」と言った方がしっくりくる。その姿の前には、これまで目にしたあらゆるものが小さく思える。レヴィンソンはこう表現した。「明らかに前回より巨大だ」

　観客と登場人物に、相応の畏怖の念と圧倒的な衝撃を与えなくてはならない。20年間にわたって待ち続け、思いを巡らせてきた後で、夢にも思わなかった光景を目の当たりにするのだ。デザインを成功させるプレッシャーをひしひしと感じ、エメリッヒと緊密に協力して作業にあたったヨハネス・ミュッケは、こう説明する。「マザーシップは地球にやってきて、覆いかぶさる。その脚の先端が地球に着地し、地面をしっかりと掴んで、腰を据えるようなデザインにしたんだ。マザーシップの中央には、ドリルを備えた開口部がある。そこから地球の核に向かってプラズマが発射される。それは地球の核からマグマを吸い上げ、マザーシップ内へと取り込む。そして取り込まれたマグマは脚からその先端へと流れ、大地に根を張るんだ。ローランドにアイデアを提案すると、気に入ってもらえることもあれば、ダメ出しを食らうこともある。でも僕たちはそれを参考にして、溶岩が水中を進む様子を売り込んだ。溶岩は冷たい水の中を進み、急速に冷えながら広がり、止まる。そしてまた中から熱が間を割って流れ出て、どんどん大きくなっていく。信じられないような光景で、大好評だった。これが僕たちが考えた、主にワシントンで地中に根を下ろす仕組みで、そこからどんどん広がっていくんだ」

　マザーシップは威圧的で、目的にかなったデザインでなければならない。できるだけ一目で明確なインパクトを与える必要があるのだ。

　ミュッケは次のように説明する。「ローランドからは、素晴らしい教訓を学んだよ。彼は、できるだけシンプルにすることを信条としている。「宇宙船は円盤状」ってね。この上なく単刀直入でシンプルなアイデアが好きなんだ。アイデアは自然にとても複雑になってしまうものだ。スタート地点から複雑だったら、ゴルディアスの結び目になってしまうよ。そんなもの、どうあがいても視覚的な解決策なんて見つからないさ」

　ミュッケはこう続ける。「デザインはある程度時間をかけて、意見を聞きながら作り上げていく。だから、誰の目にも明白で疑問の余地のないデザインが、作業を進めていくうちに自然と少しずつ複雑になっていくんだ」。マザーシップのデザインはすぐに思いついたが、こんなに大きい宇宙船がどのように機能しているのかという、論理的な疑問や物理的な疑問が間もなく持ち上がった。

　「ある時点で、これではマザーシップの底が大気圏をかすめるだけだと気付いたんだ。つまり、（大気圏はとても薄い層だから）このアイデアでは大気圏内にすっぽりと収めることはできない。僕はローランドに言われて全体のデザインをやり直し、到着後にもっと動く要素を加えた。最初は地球にかぶせた蓋みたいで、そこから脚を伸ばし始めるようにしたんだ。マザーシップの桁違いな巨大さと、その侵入を可能にする仕組みを両立させるために、何度もデザインをやり直した。ローランドは、平らで脚がある様子を見て、「地球に置いたテーブルみたいだね」と言っていたよ」

アート＆メイキング・オブ・インデペンデンス・デイ：リサージェンス

再来：2016年7月2日

左：前作のシティ・デストロイヤーを思い起こさせるデザイン。

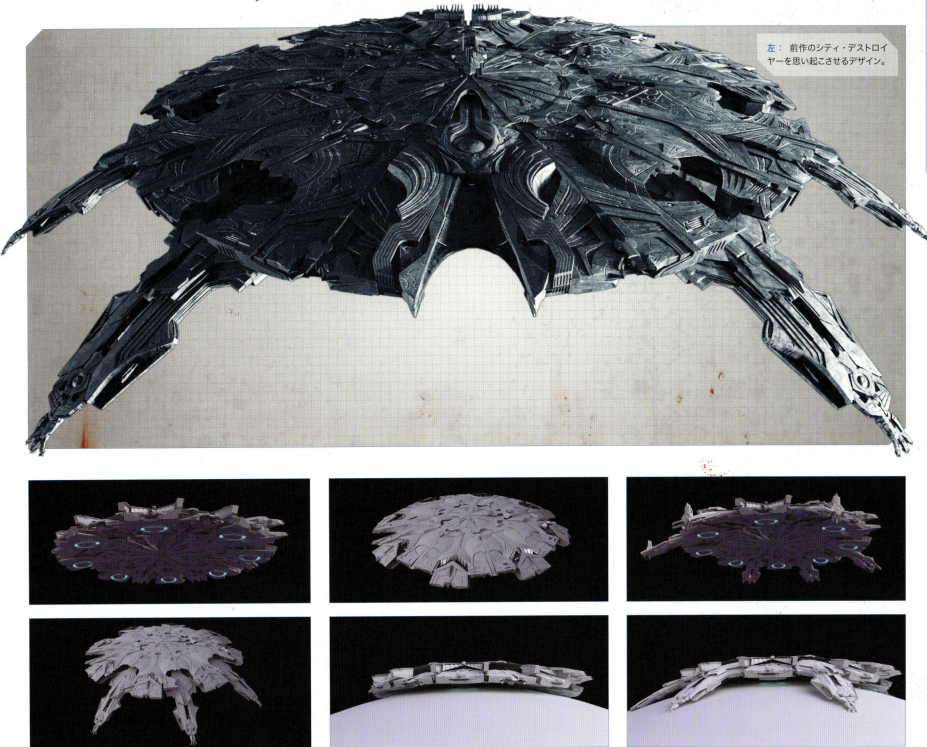

上：「不定形ではないが、多くのパーツが地球の曲線に沿っている。地球に到着するとパーツが出てきて、他のパーツが閉じる。大量のパーツが動いて、移動中は地球にかぶせた蓋のようになり、その後、脚が伸びて先端が大地にしがみつく」ヨハネス・ミュッケ

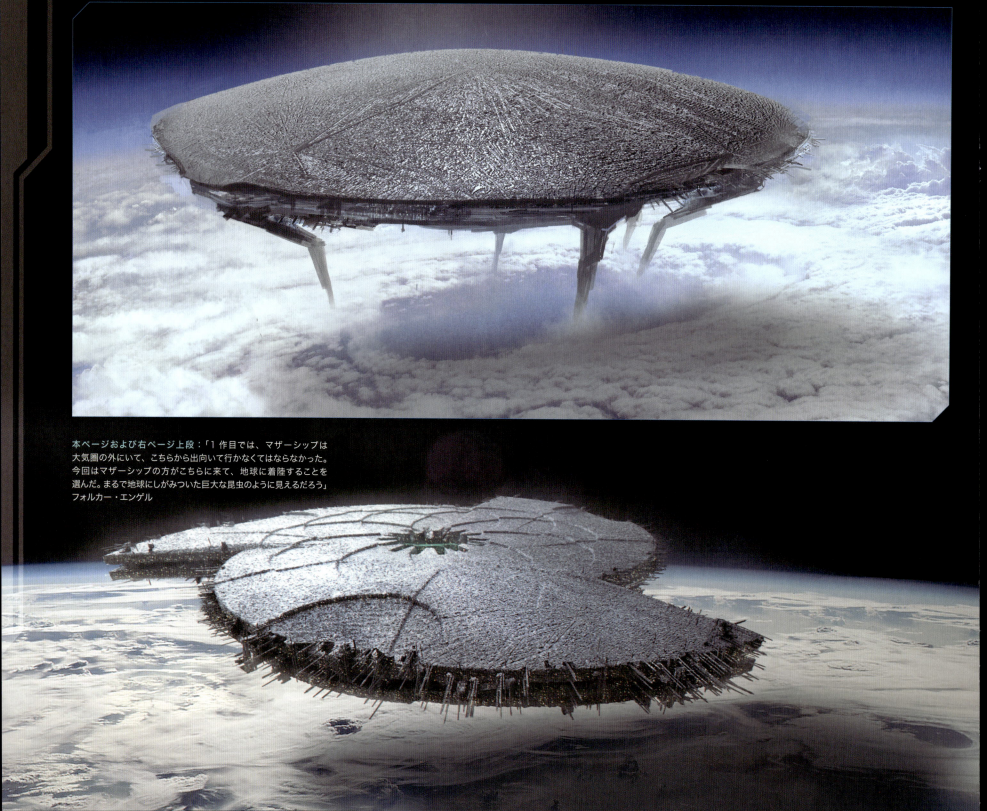

本ページおよび右ページ上段:「1作目では、マザーシップは大気圏の外にいて、こちらから出向いて行かなくてはならなかった。今回はマザーシップの方がこちらに来て、地球に着陸することを選んだ。まるで地球にしがみついた巨大な昆虫のように見えるだろう」
フォルカー・エンゲル

下：着陸時に脚の先端を使ってしがみつく
アイデアの一例。

見開き：マザーシップに吸い上げられた月の破片を回避しようとするムーンタグ。

右ページ上段：土星の衛星レアの近くに開いたブラックホールからエイリアンが現れる。

右ページ下段：ロシアがレアに建設中のESD基地。新たな訪問者と最初に接触することになる。

## マザーシップの着陸シーンのストーリーボード – ローランド・エメリッヒ、ヨハネス・ミュッケ

左： フレームの上端に「角状の突起」が現れ、それが地球に落とす影がフレームの下端から入ってくる。

右： マザーシップが姿を現し、その角で地球を突き刺すような脅威を感じさせる（小さい点は ESD の衛星軌道砲）

左： 防御用の衛星軌道砲のクローズアップ。

右： ムーンタグ内部から見たマザーシップ底部の巨大なキャノン砲。

左： マザーシップはレーザーの照準を衛星軌道砲に合わせる。

右： 衛星軌道砲が破壊される。

左： 防御用軌道ステーション（衛星軌道砲）が一掃される。

右： 大気圏に突入したマザーシップの前部が発火し、炎に包まれる。

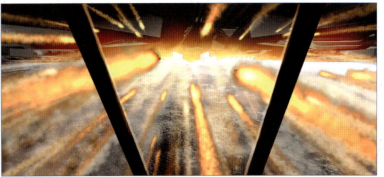

左：大気圏突入時の業火に包まれるムーンタグ。

右：ムーンタグからの眺め：砕けた月の破片が火の玉となって降り注ぐ。

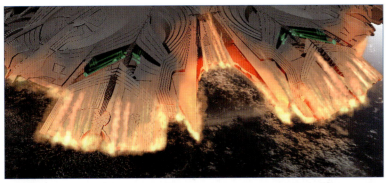

左：スラスターのアームが伸び、地球を抱え込むように見える。

右：ムーンタグからの眺め：緑のリングがスラスター。マザーシップが地面に接地しないよう、押し返す役割を果たす。

左：マザーシップがその腹に雲と地表を吸い込み始める。

右：炎に包まれる空にドバイの街が吸い上げられる。

左：着陸脚が伸び、また大気圏突入の炎に包まれる光景が繰り広げられる。

右：赤々と燃え盛る着陸脚がカメラに突進してくる。

## 破壊

### ドバイ

　ドバイのブルジュ・ハリファは全高829.8mで、163のフロアがあり、建設に5年を要した。それが「リサージェンス」では、ほんの数秒で倒壊してしまう。

　マザーシップが地球の大気圏に侵入すると、その内部重力によって下にある都市が吸い上げられ、すさまじい旋風と混乱の嵐が吹き荒れる。このシーケンスの制作と、マザーシップの重力と地球の重力が対抗する論理的な仕組みを理解するためには、コンセプトアート、動画、大がかりなプリビジュアライゼーション（事前の視覚化）を総動員する必要があった。

　ミュッケはこう説明する。「マザーシップが現れ、まず月が2つに割られるところを観客に見せる。『なんてこった、地球も割られてしまう!』という誤解を与えたかった。マザーシップが月の表面をひっかいたときに、同時に大量の破片とムーンタグを拾い上げるんだ。そして最初の一部分（スラスター）が地球の大気圏に突入すると、くっついていた破片によって嵐が巻き起こる。そこでムーンタグ内のレヴィンソンと仲間たちに視点が移り、マザーシップの下腹とその下の雲の層の間で板挟みになる。そこは吸い上げられた破片や瓦礫が集まる中間ゾーンのようなものだ。シンガポール付近を皮切りに、地表のあらゆるものが吸い上げられていき、マザーシップの下の瓦礫がどんどん増えていくんだ」

左ページ上段： 攻撃が始まり、マザーシップの重力によって地上が一掃されていく。

本ページ上段：「ローランドが前作で思い描き、実現できなかったすべてのことが今では可能になった。やりたい放題さ。可能性は無限なんだ!」 ヨハネス・ミュッケ

見開き： 実在する場所とSFを融合させた緻密なコンセプトアート。

アート&メイキング・オブ・インデペンデンス・デイ：リサージェンス

## ロンドン

　脚本では「すさまじい破壊」と表現されている。マザーシップは速度を緩め、地表に近づいてくる。スラスターの出力が弱まる。その結果、これまでに吸い上げたすべての物が放出され、東南アジアの瓦礫がロンドンとパリに降り注ぐ。

　デイヴィッド・レヴィンソンは「上がったものは、いつかは落ちる」と、その光景を茫然と見つめる。フォルカー・エンゲルはこう語る。「これは究極のパニック映画であると同時に、大惨事のシーンがあるSF映画の色合いがすごく濃いんだ。建物が地面から引き剥がされ、再び地面に叩きつけられる。その良い例がロンドンとパリで、視覚効果に関して言えば、脚本全体の中で一番のお気に入りはこの一文だね。『パリの上にドバイが降り注ぐ』。ローランド・エメリッヒの映画ならではの表現さ」

　世界中の人々は完全に圧倒され、ロンドン・アイが横倒しになり、クアラルンプールがピカデリーサーカスを破壊し、何百万という人々が死んでいく様をなす術もなくただ見ていることしかできない。

　世界は大混乱に陥る。

右：　歴史的建造物が衝突し、ピカデリーサーカスのシャフツベリー伯記念噴水に車が激突する中、ロンドン中心部から避難する人々。

下：「実現できることが格段に増えたので、ローランドは皆に、最新の技術とCGで可能なことをとことん追求させた」ヨハネス・ミュッケ

上：シンガポールがマザーシップの旋風に巻き上げられていく。下：テキサス州のオースティンは、マザーシップが引き起こした津波による洪水に見舞われる。この一部は、アルバカーキに撮影用のセットが組まれた。

上：プロジェクト全体の最初のプレゼンで20世紀フォックスに提示したコンセプトアートの1つ。フォルカー・エンゲルはこう振り返る。「作成した16枚のコンセプトアートでは、映画の壮大さを示すことを重視した。ローランドはそのスケールを伝えるために、数枚の画像をとても慎重に選んだんだ。その1つが、テキサス州ガルベストンのすぐ目の前の海に、マザーシップの着陸脚が着水する場面。ミニチュアでは絶対に実現できなかったシーンだよ。どんなに大きいプールを用意しても、バスタブのように見えてしまう。巨大に見えなくては駄目なんだ」

左：テキサス州オースティンを襲った津波の惨状を示すコンセプトアート。

見開き：津波で壊滅状態になるテキサス州ガルベストン。初期のストーリー案ではマイアミだった。

見開き：「脚はマザーシップの中で最初にデザインした部分だ。マザーシップのその他の部分は、脚の承認が得られてから取りかかった。これはワシントンDCに着地した場面。脚の先端のサイドには、地面に脚をしっかりと固定するためのフックが付いていて、すごくいかしてるんだ」ヨハネス・ミュッケ

## ワシントン

　マザーシップの到来のクライマックスは、脚の1つがアメリカの首都に停止する場面だ。「インデペンデンス・デイ」と「ワシントン」と聞いただけで、ホワイトハウスが破壊されたあの歴史的瞬間が脳裏に浮かぶ。「リサージェンス」ではその重要性を十分に理解し、非常に直接的かつ観客に分かりやすい方法で表現することにした。

　ヨハネス・ミュッケは、デザインのために行ったリサーチと、巨大なマザーシップのインスピレーションを小さな昆虫から得た経緯について、次のように語っている。「脚が実際にどのような見た目になるかは、僕がアイデアを出した。ハエの足の顕微鏡画像を見て思いついたんだ。なんとも見事なものだった。それが映画に登場するサイズになったところを想像すると驚異的だ。見た目が実に複雑で素晴らしい構造だというだけでなく、極めて論理的な作りなんだ。そのおかげでハエはガラスや壁など何にでもしがみつけるし、サイドには球面を掴むための小さいフックもある。そして先ほど言ったように、脚の先端が地面に埋め込まれ、ワシントンを踏みつけ、巨大なフックが打ち込まれるところを想像してみてほしい。すごいだろう？　その時点では、脚本には『今回はホワイトハウスは破壊しない』と書かれていたんだ。ちょっとしたジョークで、ホワイトハウスの目の前で脚が止まることになっていた。でもローランドが、『よし、こうしよう。脚が地面に突き刺さり、ホワイトハウスの目の前で止まる……一瞬の沈黙……そしてフックが飛び出して……バイバイ、ホワイトハウス！』と言い出したんだ。彼はそのアイデアにはしゃいでいたよ。子供みたいにね。大きな砂の城を作って、明日はそれをぶち壊すんだ、といった感じさ。本当に愉快で、見ていて飽きなかったよ」

本ページ上段：20年間にわたる平和の後、穏やかな時間が終わりを迎えようとしているワシントンDC。

右ページ上段：「ローランドは2番目の脚をアメリカのどこに着地させようか考えていたとき、絶対にワシントンだと言った」ヨハネス・ミュッケ

見開き下2段（左上から時計回りに）：ホワイトハウスの前で止まるマザーシップの脚。マザーシップが速度を緩め、脚が地面を踏みにじっていく。地面に深く刻まれた溝。地面を掴むフックの初期バージョン（開いているところ）。アメリカの首都と比較したマザーシップのサイズ感。脚の先端からタラップのようなフックが出てくる初期のコンセプトアート。

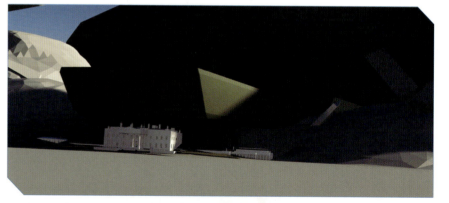

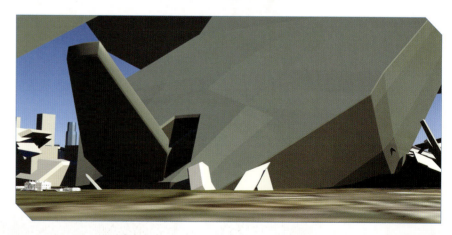

再来：2016年7月2日

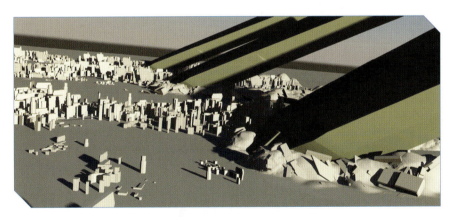

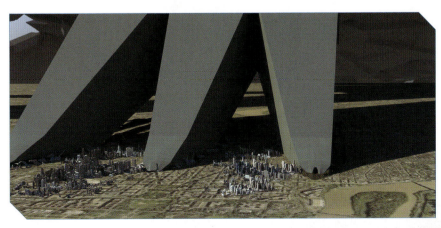

見開き：アーロン・シムズによる、かなり初期のコンセプトアート。
左ページ上段：ワシントンDCの上空で勃発する銃撃戦。

## 攻撃

　20年間にわたる準備の後、訪れないで欲しいと人類が願った瞬間が現実のものとなった。エメリッヒはこう説明する。「古い世代の者たちは若い世代にこう言ってきた。懸命に努力し、鍛え、学べば、奴らを打ち負かすことができると。そして若者たちはその言葉のとおり、奴らに勝てると信じている。そしてエイリアンが再びやってきて、我々を圧倒し、人類はまたしても劣勢に立たされる」

　再建された都市は壊滅し、新しいテクノロジーはほぼ無力に等しかったが、皆そこに踏みとどまり、生き延びている。攻撃によるダメージを受けながらも、皆はエリア51に再集結し、こん睡状態から目覚めたオークン博士も戦いに参加する。彼はレヴィンソンが持ってきたAIの調査を開始し、ジェイク、ディラン、レイン、チャーリーはマザーシップへの反撃の先頭に立つ。

　ジェシー・アッシャーは次のように振り返る。「レプリカのコックピットには、通常のジェット機に備わっている装置やスイッチを技術的に高度にしたようなものが揃っていた。僕はブルースクリーンに囲まれてこの模擬飛行機を操縦し、(共同脚本家の)ニック、ジェームズ、ローランドがスピーカーシステムを通して状況を説明してくれる。カメラの動きもすべて彼らが指示するんだ。僕たちは反転し、世界中を飛び回り、バレルロールし、宇宙空間に上がっていく。そしてそこにはカメラマンがいる。何度もリハーサルを繰り返して、きっちりとやり遂げたよ」

右ページ：「戦闘機内のパイロットには、充実したインターフェイスが用意されいる。最新のF35戦闘機と同じような装置もあって、戦闘機の外部に関係する特定の情報を見ることができるんだ」乗り物のコンセプトデザイナー、マーク・ヤン

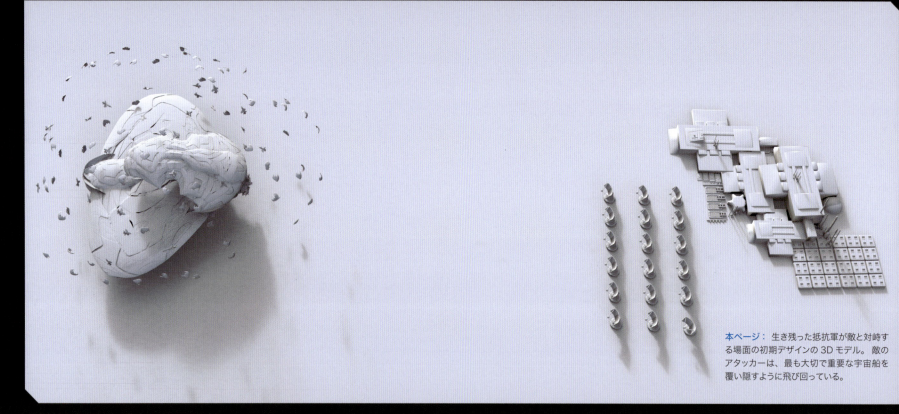

**本ページ**：生き残った抵抗軍が敵と対峙する場面の初期デザインの 3D モデル。敵のアタッカーは、最も大切で重要な宇宙船を覆い隠すように飛び回っている。

### 攻撃の初期コンセプト

　この 20 年間で、空中戦とアクションシーケンスの撮影は、スケールと技術の両面で大きく変わった。人類の反撃は極めて高い高度での空中戦となり、侵略者をマザーシップまで押し返す。しかし、これこそエイリアンたちの思うつぼだった。
　「マザーシップへの攻撃は、ジェイクにとってワクワクするような瞬間だった」とリアム・ヘムズワース。「戦闘機のパイロットに返り咲いて初めての出撃だからね。でも、彼らは侵略者たちのパワーに圧倒されてしまう。奴らのテクノロジーはさらに高度になり、優位に立っているんだ」

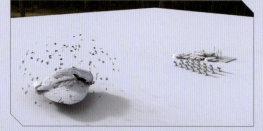

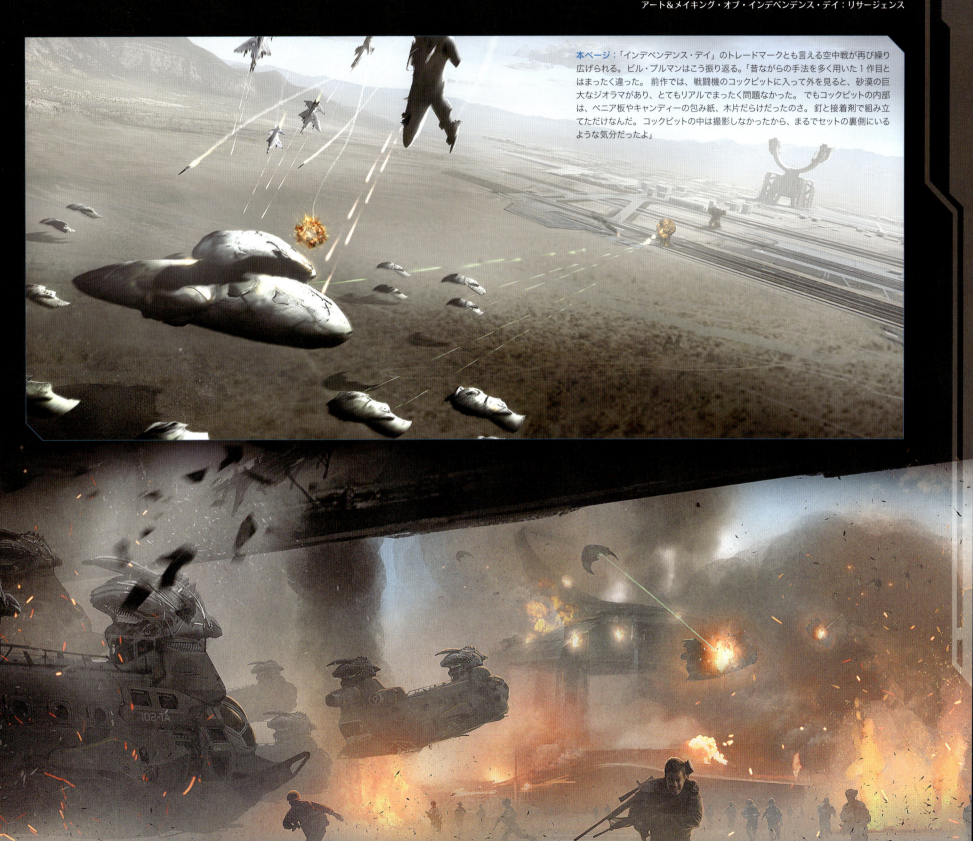

本ページ：「インデペンデンス・デイ」のトレードマークとも言える空中戦が再び繰り広げられる。ビル・プルマンはこう振り返る。「昔ながらの手法を多く用いた1作目とはまったく違った。前作では、戦闘機のコックピットに入って外を見ると、砂漠の巨大なジオラマがあり、とてもリアルでまったく問題なかった。でもコックピットの内部は、ベニヤ板やキャンディーの包み紙、木片だらけだったのさ。釘と接着剤で組み立てただけなんだ。コックピットの中は撮影しなかったから、まるでセットの裏側にいるような気分だったよ」

見開き：人類の戦闘機とエイリアンのアタッカーがマザーシップの面前で交戦する。

## マザーシップの内部

　マザーシップの深部に入ったESDのハイブリッド戦闘機は、非常に攻撃を受けやすい状況であることに気付く。彼らの切り札は抑え込まれ、撃墜されたパイロットは、敵対するエイリアンの未知の宇宙船のど真ん中で逃げ回ることになる。

　エイリアンの生態や環境をさらによく見ると、数百フィートの高さがある「大聖堂」のようだとヨハネス・ミュッケは言う。一方、ジェシー・アッシャーは「実に不気味」と表現する。ディランが湿地に不時着したときの演技の指示は簡潔に言うと、「伏せろ、見つかるな、這い回れ、おびえろ」だったという。地表に相当する生息環境はジャングルのようで、雑草が絡み合い、美しくも険悪な植物が生い茂っており、ここで述べた程度のことしか分からない。

　マーク・ヤンはこう説明する。「前作で登場したエリアを振り返ってみると、ウィル・スミスとジェフ・ゴールドブラムが演じたキャラクターがドッキングしたのがこの格納庫だ。そして下の方を見ると、どのような見た目なのか遠目に何となく想像がつく。崖の端に立って谷を見下ろしているような感じだ。でも今作では、実際に中に入り込むのさ」

　彼は続けて、内部の焦点、つまり脱出しようとするキャラクターが目指すべき地点について次のように語っている。「それは管制塔のようなもので、そこには環境を制御するたくさんの機械類もある。塔は巨大で何マイルもの高さにそびえ立っていて、基本的に、その1つひとつが配備された基地なんだ。小さいエリア51といったところさね。そして登場人物たちは塔を上って、宇宙船をハイジャックしなければならない。そこはおびただしい数の宇宙船を有する巨大な航空基地で、人類を攻撃するために出撃中のものもあれば、まだ残っているものもある。でも、基地内にはサポートスタッフたちがいる。今作では、エイリアンたちが人間と初めて面と向かって出くわしたときに何が起こるか見ることができるんだ。1人だけしか見なかった1作目とは違って、基地内を走り回る人間たちを見ている、たくさんのエイリアンを目にする機会があるのさ。『あいつらは下の方で何をしてるんだ？』とでも言いたげな彼らをね」

見開き:「映画全体を通して最大の課題は、スケールを正常に保つことだった。でもそれはできない相談で、少しごまかしが必要になる。フレーム内でうまく機能させなければならないので、常に物理的に正確なスケールを守ることはできないんだ」ヨハネス・ミュッケ

左：マザーシップのいたる所に柱があり、アタッカーはそこにドッキングし、発進していく。

見開き：柱の高さは175kmで、アタッカーをドッキングさせるプラットフォームがある。ジェイク、ディラン、レイン、チャーリーは、脱出ルートを見つけるためにその柱をよじ登らなければならない。プラットフォームに関するデザインはすべて、マーク・ヤンのコンセプトアートに基づいて行われた。

アート＆メイキング・オブ・インデペンデンス・デイ：リサージェンス

# エイリアンの収穫機

　このマザーシップは、宇宙船というより、世界だ。エイリアンの文明のすべての要素がそこにはある。軍隊、社会構造、輸送手段、情報通信の拠点があり、彼らなりの農業も行われている。エイリアンは独自のテクノロジーを開発していて、作物を育てる必要があり、収穫し、用途に応じて加工する準備をする。

　マザーシップの内部には、植物が栽培される広大な土地がある。収穫機は操縦者のいない無人機で、小麦の収穫ロボットのように作動する。不時着した生存者が最初に遭遇するものの1つがこの収穫機だ。実際のエイリアンとは違い、収穫機には人間を殺す指示は与えられていないが、作物を刈り取りながら農地を進んでいく破壊的な機械の巻き添えを食らう可能性はある。

　ミュッケは次のように説明する。「収穫機の最初のデザインは、スティーヴ・バーグ (Steve Burg) のスケッチに基づいて考えたものだ。昔見た悪夢から少しヒントを得て、何百もの刃がある非常に恐ろしい裁断機をイメージしたんだ。後になって、刈り取った草木がコンベヤーベルトで送られていく巨大なトレーラーを加えた。ローランドからは、できるだけ大きくするようアドバイスされた。正確には、『君たちウィーンの男は、これでもう十分に大きいなんて考えていないだろう』と言われたんだ」

下：1人のパイロットが、ハイブリッド戦闘機から脱出して農地の中に降りていくと、パラシュートが収穫機に引っかかる。左側にぶら下がっているのが見える。

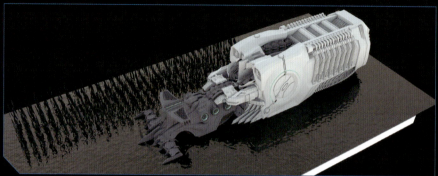

上：水上を進む収穫機のバリエーション。収穫した作物を積むための「トレーラー」が付いていないバージョンと、付いているバージョン。

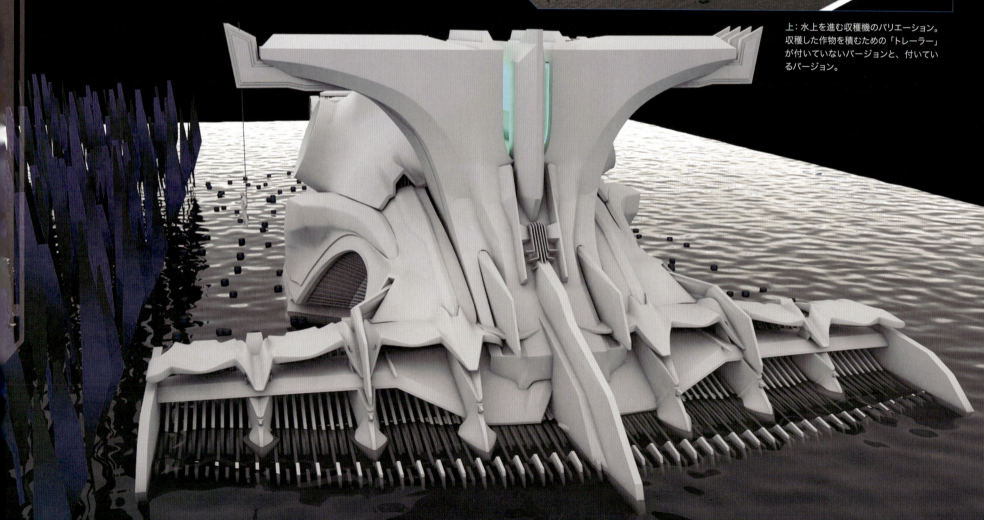

アート&メイキング・オブ・インデペンデンス・デイ：リサージェンス

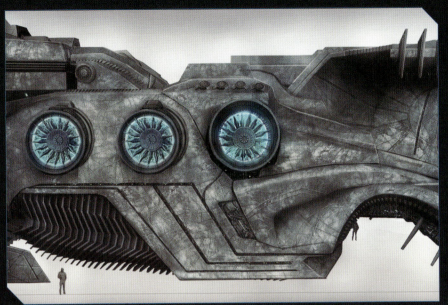

左上：平均的な体格の人間とのサイズ比較。

右上：収穫機には車輪がなく、オキアミのように波状に動く多数の細い脚で前に進む。

下：機械の側面にある大きい円のデザインは、エイリアンのテクノロジー全体に繰り返し使われているモチーフ。

　収穫機は、シーンの中を目的もなくただ動き回っている特徴のない機械ではない。人間に起こるドラマや事件を演出する役割を担い、実体のあるエイリアンの世界に豊かさを与える。「リサージェンス」のスクリーンに映るすべてのものには、そこに存在する理由がなくてはならず、余分なものや、単なる上辺の飾りは1つもない。

　ミュッケはこう話す。「ローランドは、納得できる機能的な説明などをきちんと示せば乗り気になってくれる。それが想像上の理由であっても構わないんだ。ただし、『ちょっと格好良く見えるから』では意味がない。それでは彼にアイデアを売り込むことはできないよ」

　それはマザーシップ内部の全体的な地形についても言えることだ。宇宙船のサイズは、地球をしっかり掴んで、地球の核を引き出せるものでなければならない。膨大な数の人員と付随するテクノロジーを収容する必要もある。巨大でなければならないのだ。

　さらにミュッケは次のように述べている。「マザーシップの内部は北米ほどの大きさだけど、それを実感することなんてできない。だから話し合うんだ。彼らはこの宇宙船の中にいるんだ、どんな風に見えるだろう、と皆でイメージする。そして、この宇宙船は惑星だと気付くのさ。そこは惑星の上で、天井なんて見えない。そうやって考えを膨らませて、デザインに関する決断を下していく必要があるんだ。「そういうことなら、こんな感じだろう。じゃあ、カメラに収めたときにうまく機能させる方法を探そう」といった具合にね」

　マザーシップに収容する必要のある不可欠な要素は、本作の最も重要な悪役である女王の巨大宇宙船だ。マザーシップ内には、文字通りの理由および象徴的な理由から、最上階層に女王が拠点とする宇宙船があり、守られている。「マザーシップの艦橋のようなものだね。ただし分離可能で、エリア51に向かって飛んでいくんだ」と、ミュッケ。

　アーロン・シムズはこう説明する。「女王の宇宙船はただの円盤なんだ。巨大なマザーシップの上に、まさに空飛ぶ円盤といった感じの女王の宇宙船がある。内部はとても暗く、底には穴が開いていて、そこから中に入っていける。女王はそこから出入りしているんだ。ただし、基本的には非常に暗い「洞窟」のようなエリアで、周囲にはスクリーンがあり、船内での移動を容易にするハーネスもある。天上には女王のスーツが収められている場所があり、それが開くとスーツが出てきて装着できる。とても暗く、見えるのは主にエイリアンのスクリーンと、女王のシルエットが少し、あとはあちこちにあるライトくらい。とにかく、暗くて、恐ろしくて、不穏な感じにしたかったんだ。内部の詳細はほとんど見えない。また、非常に広いので、もやがかかっている。女王のサイズを考えれば、その宇宙船は小さい街ほどの大きさがあるからね」

　大半のシーンでは女王は影の中にいて、その姿があらわになるのは映画のクライマックスだけだ。

左ページ上段：スティーヴ・バーグが最初にデザインした収穫機。これを基に、ヨハネス・ミュッケがさらに作業を進めた。

見開き：マザーシップ内のホールの広大さは実感しにくいので、それをうまく伝える方法を探るために、バーグはアートワークを50種類ほど作成した。これもその1つで、地球のマグマを吸い上げるコアや、巨大なドームを支える柱などが描かれている。

## エイリアンの女王

　昆虫の社会階層を思わせるエイリアンの論理は、「女王」という恐ろしい結論につながる。女王は地球のような惑星を見つけるために銀河中を捜索してきた。整然と事を進め、すべての資源を搾り取るために。地球は彼らを打ち破った唯一の存在で、自ら事にあたるよう女王を駆り立てる。壮大な最終決戦では、生き残った人類が、その底力、そして意志の力をかけて女王と対峙する。

　200フィートを超える身長でそびえ立つ女王は、当然ながら最も巨大だ。「女王は大きくて、今作における独自の要素だ。何度も検討を重ね、たくさんのバリエーションを考えた」とアーロン・シムズは振り返る。「ストーリー、つまり女王が何をしなければならないか、何が目的かに基づいて、デザインが修正された。彼女は女王で、兵士たちがいる。アリの世界のように、女王を基盤としてすべてが動いているんだ。前作でも、宇宙空間にいる巨大な宇宙船にすべてがつながっていた。それを破壊すると、他の連中もすべて機能しなくなってしまった。彼らはすべてつながっていたからだ。だから僕は、それが全体的なテーマだったと思うんだ。彼ら全員が機能する仕組み、エイリアンたちの在り方。女王に従う、というね」

　シムズはこう続ける。「僕たちは卵嚢を作った。女王がエイリアンを作り出している、つまり産んでいるんだ。彼らはやはり、昆虫のような世界を築いていると言える。たくさんのデザインを考えたよ。ストーリーの観点ではあまり重要じゃなかったから、完成した映画にはそれほど反映されていないかもしれないけど、大きい卵嚢がある身体構造の外観をデザインする際には、いろいろな角度から考えたんだ。「どうやって制作するのか。過去に作られたどんなものとも違った見た目にするにはどうすればいいのか」といったことをね」

　女王の存在感、形状、役割、意味合いは一目瞭然だ。女王がもたらす脅威は明確で、人類が生き延びるためには、今回は宇宙船を破壊するだけでは不十分なのだ。

見開き:自分の宇宙船内で、恐怖におののく人類と対面する女王のコンセプトアート。

アート&メイキング・オブ・インデペンデンス・デイ:リサージェンス

再来:2016年7月2日

　この映画は、規模、野心、デザイン、どれをとっても壮大だ。危険度はかつてないほど高く、我らがヒーローたちは持てるすべての武器と戦術を駆使して女王を倒し、「リサージェンス（一度中断していたことの再開）」がエイリアンではなく、人間の精神に当てはまるのだと証明しなくてはならない。「1作目が大好きだった人は、楽しみにしてほしい」と断言するのは、前作に続き、今作にも参加したデザイナー、パトリック・タトポロスだ。今作では初期のアイデアを担当し、シムズがそれを発展させた。「今度はもっと大きい。巨大なんだ。地球に女王を連れてくるというのは大仕事で、女王には巨大なマザーシップに見合ったスケールが求められる。そしてローランドはその大仕事をやってのけ、我々の世界にはめ込んだ巨大な宇宙船や女王を見せてくれるのさ」

　それは映画の状況や背景、リアリティにかみ合っていなければならない。つまり、定めたルールに本物の重量感と物理的性質を持たせるということだ。ユニークなビジュアルアイデアとして際立っていながらも、架空の世界に溶け込んでいる必要がある。

　「女王は巨大だ。とにかくすごく大きいんだ」とシムズ。「エンパイアステートビル並みの大きさがある。だから、どんなデザインにすれば巨大に見えて、しかも自分の重みで潰れてしまいそうな印象を与えないだろう、と考えたんだ。女王は恐ろしい見た目にしないといけないから、ある程度、論理や重力、その他諸々のことに逆らう必要がある。理論的に考えたら、そんな巨体なら、上部にくらべて下部の方がずっと重量感があるはずだ。女王は上部にずっしりとした重量感があり、下部はほっそりしていたけど、重みを分散するために、多数の脚で体を支えるようにした。その点で、女王は他の兵士や入植者とは大きく異なっていた。女王は基本的に、腕の生えた上の胴体と、たくさんの脚が生えた後ろの胴体で構成され、クモに似ている点がある。それが興味深い外観を作り出しているんだ。そして全体的な外観に関して言えば、皮膚などはすべてのエイリアンが一貫した基本ラインを踏襲している。女王の頭部も、ローランドが前作で作り上げた象徴的な形と同じ形状をしている。でも、それは外側のスーツの話で、中の女王の作りは少し独特なんだ」

　「女王にはさまざまなことをさせる必要があった。巨体にも関わらず、ものすごく速く動くとかね。そのスケールを考えれば、そんなに速く動く必要はないだろう。でも、バスを追いかけるシーンでは、あちこちに飛び跳ねさせたかった。ヒーローたちの前に出て、行く手を阻もうとするんだ。それはもっと面白くするためだったけど、そんな動きを可能にする、理にかなったスーツの仕組みを考案する必要もあった。つまり、後ろの脚がどんな仕組みになっているのか考えていたんだ。コオロギのようなものをね。大きい後ろ脚は上に向かう推進力を生む。でも、まだ解決することは残っていた。それほどまでに重いと、着地したときに地面が崩壊したり、自分の重みで潰れてしまうかも知れない。そんなこともあり、女王の周りには独自の力場があると考えることにした。マザーシップと同じように、爆撃からも身を守ることができるんだ」

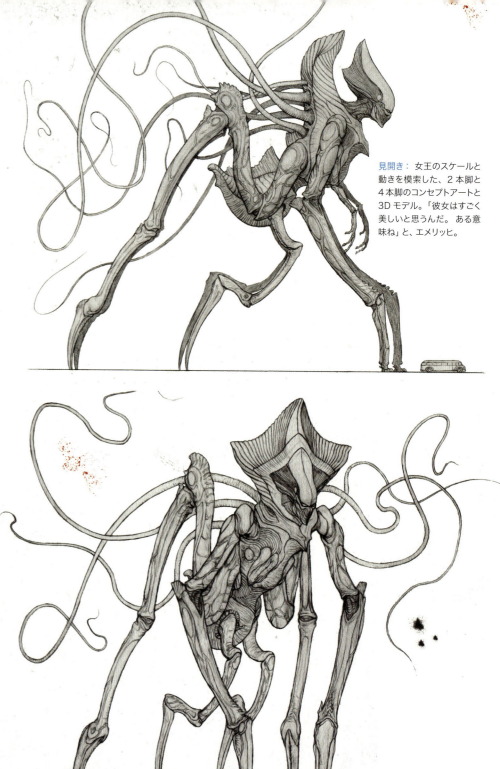

見開き:女王のスケールと動きを模索した、2本脚と4本脚のコンセプトアートと3Dモデル。「彼女はすごく美しいと思うんだ。ある意味ね」と、エメリッヒ。

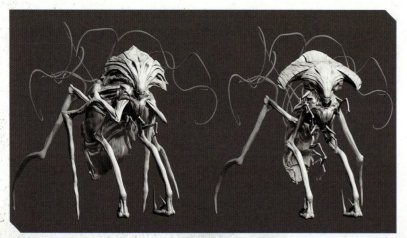

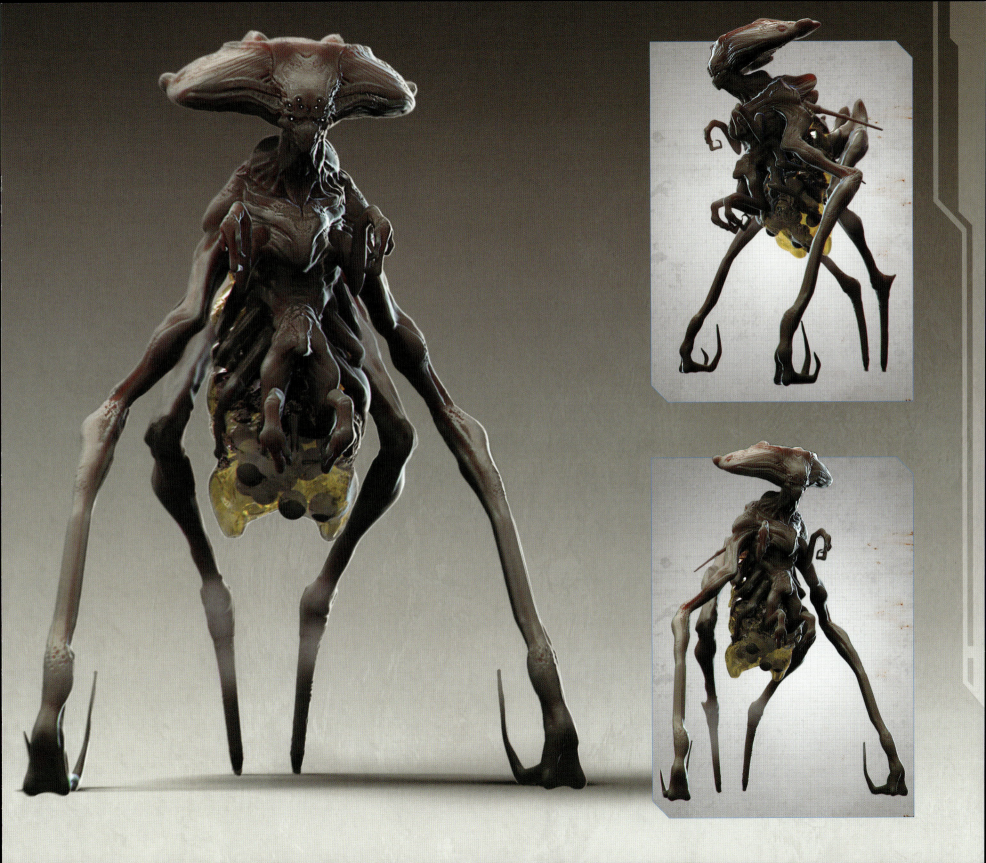

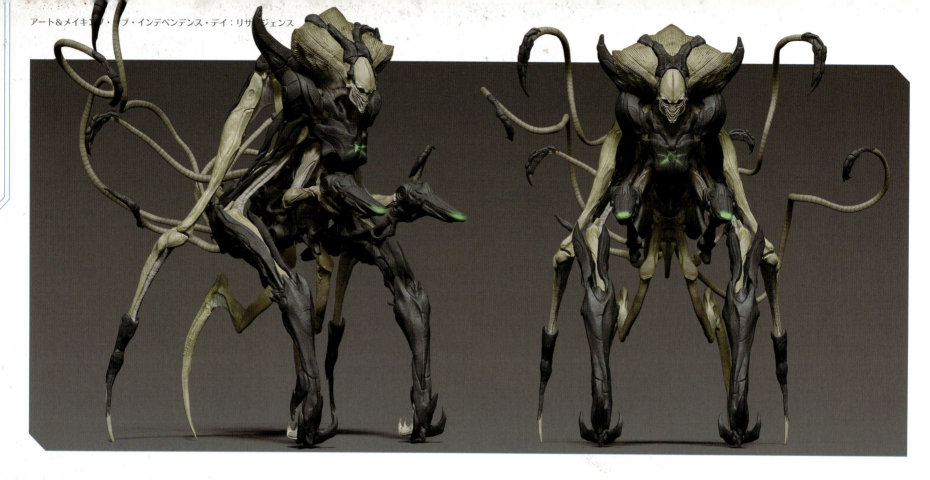

　女王を罠にはめ、倒そうとするレヴィンソン、オークン、生き残ったその他の仲間たち。当然ながら、こんな存在と対面するのは初めてのことだ。長い年月を費やして準備してきたことは、まったく役に立たない。そして砂漠を大股で歩き回る女王は、その本領を存分に発揮する。

　「女王には独自の武器がある」とシムズは説明する。「兵士は背中に銃を装備しているが、機械的に前に出てくるので掴むことができる。ローランドはこれを気に入っていたので、女王にも同じようなアイデアを取り入れた。ただし、銃は胸部の空洞、つまり下から出てくるんだ。女王は出てきた銃を必要に応じて両手で掴むことができる。いろいろな意味で、SFのガトリング砲といった感じだ。絶え間なく発射されるレーザーで大惨事を引き起こせるのさ」

　この究極の敵対者の魅力を十分に引き出すために、Weta Workshopを含む多くのアーティストたちがエメリッヒと緊密に連携して作業に当たった。何度も描き直し、VFXやアニメーションサイクルを加えてショット内に正確に収めるだけでなく、個性の面も磨きをかけて、単なるエイリアンではなく「登場人物」に仕立て上げた。

　シムズはこう続ける。「女王にだけ口があるけど、実際にしゃべるわけではない。彼らは念力を使うからね。どちらかと言うと、純粋な恐怖と独自性を加えるためだな。こういったキャラクターの場合、顔で何らかの感情を表したり、怒らせたりしたくなるけど、口が無いと難しいんだ。口があるというのはローランドが決めたことだ。いら立つ女王のそうした場面を描きやすくするためにね。触手も感情を表現するのにとても役立ったよ。すさまじい勢いで辺りを引っかき回すんだ。そして女王の怒りが頂点に達すると、その金切り声が響く中、触手が狂ったように暴れ回るのさ。感情表現という目的の他に、女王は登場人物たちを殺すためにも触手を使い、彼らを掴んだり、なぎ払ったりする。もう1つの腕といったところだね。つまり触手はこうした使い方ができる付属器官であって、ただデザインのためにそこにあるだけではないし、何の用途もないただのおまけでもないんだ」

　「触手は女王の200フィートという身長とつり合いがとれている」とバリー・チューシッドは説明する。「かなりの時間をかけて検討したよ。鱗で覆われているのか、丸みを帯びているのか、透けているのか、脈打っているのか、中で何か動いているのが見えるのか、中身が詰まっているのか、先が細くなっているのか、どのくらい細くなっているのか、先は2つに分かれているのか、動くときはピシャリと音を立てるのか、腹を立てると色が濃くなるのか、硬くなるのか、といったさまざまなことをね。こうしたすべてのことに磨きをかけて、状況に合ったユニークな触手にしていくのさ。脚本と監督を担当したローランドには、何かを作り上げていくときに、こうしたちょっとした調整を加える能力があるんだ」

　「女王がすべて」。エイリアンたちはこう言うだろう。チューシッドはこう結ぶ。「女王は殺人マシンさ。優しく抱きしめようなんて思わないことだ」

左ページ上段：「最初に考えたデザインの1つ。女王は中から出てくる2つの銃を手にしている。でも銃を両手に握る姿がカウボーイみたいに思えてきたんだ。僕はそれも面白いと思ったけど、ローランドは下から出てくる1つの大きい銃を握るアイデアで行くことにした。銃にはハンドルが付いていて、乱射できる。女王はおそらく高層ビル並みのサイズだろう」アーロン・シムズ

左ページ右下：「口には用途があり、触手にも用途がある。複数の脚は、女王が走り回るときに重みを適切に分散させるのに役立つ。すべての要素に目的がなくてはならないんだ」アーロン・シムズ

本ページ：女王の威風堂々としたスケール。「スーツを身に付けていない女王は色がとても淡い。僕たちはイラストで、スーツ、女王が中にいる状態、スーツの内部が開く仕組みを示した。それも、つじつまが合うデザインを探る作業の1つなんだ」アーロン・シムズ

再来：2016年7月2日

デイヴィッド・レヴィンソン

# あとがき

戦いはまだ終わっていない。

奴らは再びやってきた。招かざる客として。我々は20年を費やして準備してきたが、それではまだ足りなかった。奴らはまたしても人類を絶滅寸前に追い込んだ。今回は、さらに巨大かつ強力な武器を携えて乗り込んできた女王が、都市を次々と壊滅させていった。正確に言えば、都市を空に引っ張り上げてから、地面に叩きつけたのだ。我々のテクノロジー、防衛ではまったく歯が立たなかった。奴らの数は膨大で、あまりにも俊敏で、強すぎた。そして奴らはイナゴではなく、寄生虫なのだ。

我々にあったのは旧型の設備と戦略。そして、勇敢さだ。地球を守るために無私無欲で共に戦う、誇るべき仲間たちがいた。ジェイク、ディラン、パティ、キャサリン、ディケンベ、（そしてフロイドもだろう）をはじめとする数多くの者たちが侵略者に立ち向かったのだ。

なぜなら、我々は地球が救うに値するものであると信じているからだ。この星に生きる生命には守る価値があると。僕には、良き友がかつてそうしたように、思いをうまく言葉にすることはできない。実際、言葉で彼を真に称えることなどできはしないのだ。しかしこれだけは言える。

トーマス・J・ホイットモア、あなたの犠牲、勇気、そして何よりもその人間愛を我々は決して忘れることはないだろう。

父さん、僕がプレゼントできなかった孫ができて良かったよ。そしてどうかお願いだから、もう本は書かないでくれ。

次の襲撃からこの星が生き延びられるかどうかは分からない。しかし、危機に瀕しているのは地球だけではないことが分かった。この銀河が、宇宙が、脅威にさらされているのだ。オークンは、これまでよりさらに遠くへ赴く必要があるかもしれないと言った。そこにはもっと多くの倒すべき女王がいて、想像したこともない大規模な戦いがある。そして、これまで知らなかった知識や希望を手に入れる素晴らしい可能性が待ち受けているのだ。

我々は未来を見つけなくてはならない。そして、この手で勝ち取るのだ。

**デイヴィッド・レヴィンソン**
ケーブルテレビ放送局の修理員、ESD長官、チェスの達人、人間

# 謝辞

著者より、Titan Books の Beth Lewis、Cameron Cornelius、Laura Price、そして Fox の Josh Izzo、Nicole Spiegel にお礼を申し上げます。また、Centropolis の Marco Shepherd の支援と、インタビューに時間を割いてくださった皆様の協力がなければ、本書が実現することはなかったでしょう。本プロジェクトに熱意をもって取り組んでくれた Volker Engel に特別の感謝を捧げます。そして最後になりましたが、この素晴らしい映画を作った Roland Emmerich に心から感謝します。

アート＆メイキング・オブ・
**インデペンデンス・デイ：リサージェンス**

2016年6月25日　初版第1刷発行

| | |
|---|---|
| 著　者 | サイモン・ワード |
| 発 行 人 | 村上 徹 |
| 翻　訳 | 株式会社 Bスプラウト |
| 編　集 | 堀越 祐樹 |
| 発　行 | 株式会社 ボーンデジタル |
| | 〒102-0074 |
| | 東京都千代田区九段南 1-5-5 |
| | Daiwa 九段ビル |
| | Tel: 03-5215-8671　　Fax: 03-5215-8667 |
| | www.borndigital.co.jp/book/ |
| | E-mail: info@borndigital.co.jp |
| レイアウト | 梅田 美子(株式会社 Bスプラウト) |
| 印刷・製本 | 株式会社 東京印書館 |

ISBN: 978-4-86246-345-6
Printed in Japan

INDEPENDENCE DAY and INDEPENDENCE DAY: RESURGENCE ™ and © 2016 Twentieth Century Fox Film Corporation. All rights reserved.

THE ART AND MAKING OF INDEPENDENCE DAY: RESURGENCE by Simon Ward
Copyright © 2016 Twentieth Century Fox Film Corporation. All rights reserved.

This translation of THE ART AND MAKING OF INDEPENDENCE DAY: RESURGENCE, first published in 2016, is published by arrangement with Titan Publishing Group Ltd. through The English Agency (Japan) Ltd.

Japanese Translation Copyright © 2016 by Born Digital, Inc. All rights reserved.

価格は表紙に記載されています。乱丁、落丁等がある場合はお取り替えいたします。
本書の内容を無断で転記、転載、複製することを禁じます。